走訪三國

採訪攝影◎王萍
撰文◎羅吉甫

三國神遊，多情應笑我

我們以不同的心境，不同的方式，不同的情緒，漫遊三國。有的透過書冊史料，有的以照片、影片，有的藉談古說書，和三國英雄交心，和歷史事件交會，和古今時空交集。

遨遊三國情境，我們對每個出場人物臧否月旦，對每個決斷策略分析論評。同一件事，同一個人，各有不同解讀。一個三國，各自表述。

談起將近兩千年前的歷史，三國迷個個口沫橫飛、如數家珍，以言語機鋒取代戰場烽火，以電玩指令取代戰場指揮，虛擬之樂樂何如。然而紙上談兵、頁間漫步，終究不如親臨現場，即使人事已非，景物變遷，仍然會有如磁場感應一般，隱約感受得到那個時代的氛圍。我們多麼渴望來一趟三國主題旅行，走訪三國。

走訪三國古戰場，想像每一場驚心動魄的生死對決，想像每一次成王敗寇的決策關鍵，想像每位梟雄霸主誓師出征時，意氣風發，憧憬著王國一統、版圖拼貼完整的春秋大夢。然而權力競逐，沒有雙贏的空間。人為勝利而生，人人都想享有勝利榮耀，勝利者卻只有一方。我們嘆服勝出者的智力勇氣之餘，也應體會失敗者潦落的心情。呂布殞命白門樓，孔明遺恨五丈原，關羽敗走麥城，劉備受辱猇亭，曹操倉皇走華容，袁紹飲恨官渡。我們除了同情也不免感同身受，想起自己生命中的挫敗經驗。有的競爭者失敗後頹然不起，抑鬱以終，如劉備、袁紹；而最高明的莫如曹操，以「孤燒船自退，橫使周瑜虛獲此名」自嘲，幽了自己一默，也幽了後代某些學者一默；有

人據此以為燒船的只是曹操而無周瑜火燒連環船之舉。

然而誰贏誰負，都以白骨遮平原為代價，無辜百姓成為權力鬥爭下的祭品。只是當年的刀光劍影，如今已是夢幻泡影，戰死的英魂，冤死的亡靈，和叱吒風雲的英雄，偕逝矣。有人類就有戰爭，一將功成萬古枯的悲烈還在持續，過去，現在和未來。我們讀史，不免三嘆，掌權者不知何時能夠體認「兵者，凶器也」的道理，而不輕啟戰端？

走訪三國紀念館，會看到許多塑像、遺物與圖像。這些文物或本於史實，或出自附會、傳說，都增添閱讀樂趣和想像空間。江山如畫，一時多少豪傑。有的留下典範，典型在夙昔，形象烙印在青史裡，有的人去事業空，鴻飛哪復計東西，留下一些傳說，幾則掌故，以及更多後人的嘆息。

走訪三國遺跡，訪史蹟，看古物，思古事，懷古風。人事有代謝，往來成古今。我們多希望在每個景點駐足觀覽，但多數如你我者，身無彩翼，時空阻隔，雖不能至，心嚮往之。所幸還能借助有心人拍些照片回來讓我們聞香，在能成行之前，望梅止渴，以閱讀暫時滿足。

三國神遊，多情應笑我。神遊的是我，走訪親臨的是王萍。王萍千里跋涉，辛苦不尋常，拍攝一張張照片，奠定本書的基礎。這本《走訪三國》定調為圖文書，為了配合照片，三國史重新安排，輕重詳略重新調整。有些主題著墨較多，有些不得不割愛，有些文字從簡，讓照片本身說話。但願假借圖文形式，引領還在三國門外的朋友進入三國殿堂，已經有所涉獵的讀者，則能進一步探索，深一層思考。

羅吉甫

拍攝日誌

穿越時空的歷史記憶

東漢末年，軍閥割據，群雄並起，混戰不斷，終於爆發了兩次決定性戰役——官渡之戰和赤壁之戰，尤其赤壁一戰，百萬人的生死搏弈，四十萬人的生命代價，一舉奠定了天下三分的格局。撥開歷史的雲霧，在現代化的水泥鋼柱下和荒涼崎嶇的墳塚間行走，尋找幾千年前的歷史積澱，體味那段風月變幻的歷史記憶。無論是觸摸幾千年風雨後幸運保存下來的歷史遺跡，還是後人依照歷史記載重新修建的文化建築，都讓人體味到穿越時空的強烈震撼！

曹操修築的「地下長城」

魏蜀吳三國勢力鼎足而立，曹操位居中原，劉備佔據四川腹地，孫權倚靠長江天險，三種迥然不同的地理環境，也形成了他們不同的軍事防禦特色。無論是隱蔽的地道、堅固的城池，還是修築在江邊的水軍基地，這些珍貴的遺跡和超乎想像的古代軍事技術，都成為歷史在大地上保存下來的「活化石」。

曹操發揮中原的地形特點，曾多次利用隱蔽的地道戰取得戰爭勝利。最早的地道戰，只是從城外挖條地洞到城中，作為進軍的通道，技術要求還很低。到了三國時期，地道的技術水平已經明顯提高，成為當時作戰雙方經常使用的手段。《三國志》曾多次記載曹操利用地道戰獲勝。他把為數不多的士兵從地道內暗中送出城外，再從城外開進城內，反覆多次，迷惑敵人，出奇制勝。

非常幸運的是，在曹操老家安徽亳州，至今仍完好地保存著曹操當年修建的地下防禦戰

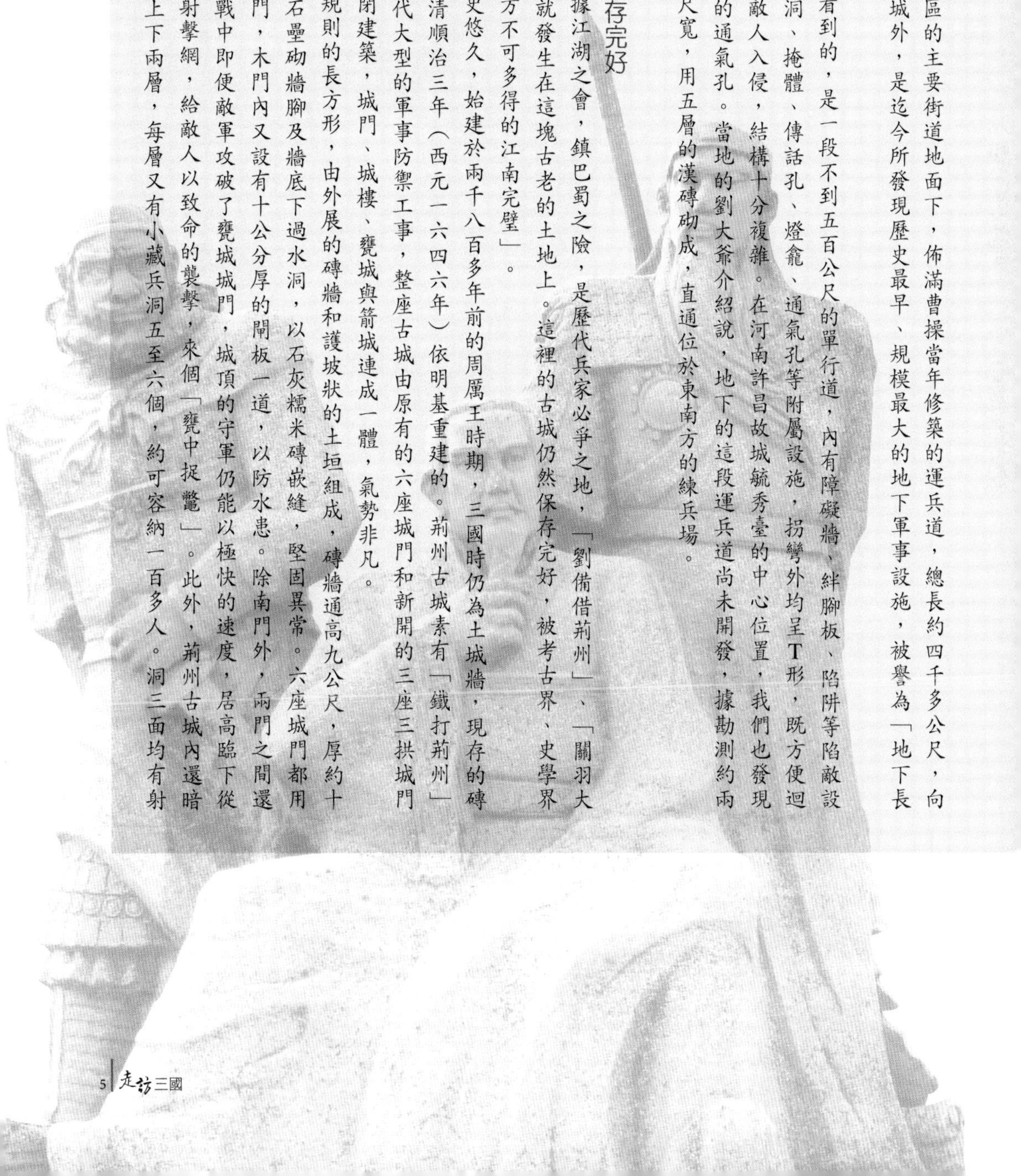

道。亳州老城區的主要街道地面下，佈滿曹操當年修築的運兵道，總長約四千多公尺，向四面延伸通達城外，是迄今所發現歷史最早、規模最大的地下軍事設施，被譽為「地下長城」。

我們現在能看到的，是一段不到五百公尺的單行道，內有障礙牆、絆腳板、陷阱等陷敵設施，還有貓耳洞、掩體、傳話孔、燈龕、通氣孔等附屬設施，拐彎外均呈T形，既方便迴旋，又能防範敵人入侵，結構十分複雜。在河南許昌故城毓秀臺的中心位置，我們也發現了這種運兵道的通氣孔。當地的劉大爺介紹說，地下的這段運兵道尚未開發，據勘測約兩公尺高，四公尺寬，用五層的漢磚砌成，直通位於東南方的練兵場。

鐵打荊州，保存完好

湖北荊州，據江湖之會，鎮巴蜀之險，是歷代兵家必爭之地，「劉備借荊州」、「關羽大意失荊州」，就發生在這塊古老的土地上。這裡的古城仍然保存完好，被考古界、史學界稱為「中國南方不可多得的江南完璧」。

荊州古城歷史悠久，始建於兩千八百多年前的周厲王時期，三國時仍為土城牆，現存的磚城牆大部分是清順治三年（西元一六四六年）依明基重建的。荊州古城素有「鐵打荊州」之說。作為古代大型的軍事防禦工事，整座古城由原有的六座城門和新開的三座三拱城門銜接而成一封閉建築，城門、城樓、甕城與箭城連成一體，氣勢非凡。

古城牆呈不規則的長方形，由外展的磚牆和護坡狀的土垣組成，磚牆通高九公尺，厚約十公尺，均以條石壘砌牆腳及牆底下過水洞，以石灰糯米磚嵌縫，堅固異常。六座城門都用巨磚砌成拱形門，木門內又設有十公分厚的閘板一道，以防水患。除南門外，兩門之間還圍有甕城，實戰中即便敵軍攻破了甕城城門，城頂的守軍仍能以極快的速度，居高臨下從四面組成交叉射擊網，給敵人以致命的襲擊，來個「甕中捉鼈」。此外，荊州古城內還暗設藏兵洞，分上下兩層，每層又有小藏兵洞五至六個，約可容納一百多人。洞三面均有射

孔，正面對準護城河，如遇外敵攻城，射孔內暗箭齊發，使敵人猝不及防。

石頭城鬼臉照鏡

吳國依仗長江天險，既有水師，也沿著長江各城市設防。現位於江蘇南京的石頭城，就是孫權當年利用清涼山天然石壁建立的軍事要塞。相傳三國時，諸葛亮在赤壁之戰前夕，出使東吳，與孫權共商破曹大計。據說，諸葛亮途經秣陵縣（今南京），特地騎馬到石頭山觀察山川形勢，發出了「鍾山龍蟠，石頭虎踞，真乃帝王之宅也」的讚嘆，並向孫權建議遷都秣陵。

孫權在赤壁之戰後，遷移到秣陵，第二年就在清涼山原有城基上修建了著名的石頭城。城內設置有石頭庫、石頭倉，用以儲軍糧和兵械，城牆高處並築有報警的烽火臺，可以隨時發出預報敵軍侵犯的信號。當時長江就從清涼山下流過，因而石頭城的軍事地位十分突出，孫吳也一直將此處作為最主要的水軍基地。在清涼門到草場門之間的城牆下面，現尚存綿延三百多公尺的石壁。其中一塊突出的橢圓形石壁，因長年風化，坑坑疤疤，乍看酷似一副猙獰鬼臉，五官清晰可見，因此被稱為「鬼臉城」。有趣的是，鬼臉對面有一處清亮的池塘，從水的一側可看到鬼臉城的倒影，於是民間又賦予它「鬼臉照鏡」的傳說。

土堆背後的故事

河南許昌是三國古蹟最集中的地方。據不完全的統計顯示，三國古蹟共五百多處，光許昌就佔了八十多個。郭沫若曾說：「三國古蹟河南最多，河南中許昌居首。」更有「閒聽三國事，每欲到許昌」的俗諺。目前除「灞陵橋」、「春秋樓」等少數遺跡有規模地修建在許昌市內，成為當地著名的旅遊景點外，大多數的歷史遺跡，都散落在許昌周圍的鄉村田頭、荒郊野嶺，鮮少有人光顧。我們只能包車前往，一路打聽一路行，去尋找這些失落的文明。

一路走來，曾經的輝煌，大多已化成一個個外表雷同的偌大土堆，掩映在叢林中，只有附近的「文物保護」標牌，證明這段歷史的真實。漢獻帝、伏皇后、董貴人、華佗、賈詡、夏侯淵兄弟等眾多三國名人，在這裡演繹著他們精彩的人生，並將生命的終點永久地停留在此，如今的我們，只能靠歷史的記憶，尋找這些土堆背後的故事。

從墳塚的規模和氣勢，我們仍可判斷墓主人生前的地位。但他們生前無法預料的是，規模越宏大的墓塚，越先引起盜墓者的覬覦，破壞得也越嚴重；規模小的墓穴反能自保，享受一方清靜。最先造訪這些墓穴的是貪婪的盜墓者，他們一次次地將有價值的陪葬品偷走。之後，考古工作者也會將有價值的陪葬品轉移到博物館、研究室。經過一次次的搬遷，有的墓穴空空如也，有的甚至被徹底掩埋，了無蹤跡，只能依靠當地耆老的記憶、零散的出土文物和可尋找的歷史資料去想像墓穴當年的狀況。賈詡的墓穴就面臨這種尷尬境遇：賈詡是三國時魏國的重要謀臣，曹丕稱帝後，官封太尉、魏壽鄉侯，生前風光無限，死後自然希望將這份榮耀帶到陰間，墓室規模和陪葬品不可小覷。

據史料記載，賈詡墓高十公尺，占地三千三百多平方公尺，但如今，卻消逝在一片田地中，尋不到任何蹤跡。當地老人指著一塊莊稼地，十分肯定地告訴我：「賈詡墓多次被盜，政府開發後，將墓室中重要的文物轉移到博物館，只剩下空空的墓室。三十年前，這裡被徹底夷平，成為莊稼地。」相反地，簡陋的華佗墓卻保存得十分完好，他生前恩澤萬民，死後以「醫聖」的地位得到後人的敬仰，歷代人士為其修廟築碑，狹小的墳塚被不斷地修葺。在鄉下，這些逝去的有德古人常常成為當地鄉民崇奉的神祇，鄉民們帶著虔誠之心，在這些遺跡附近建碑立廟、供奉香火。很多古廟、古碑被這種神秘的力量所包圍，我不敢輕易地去挪動那些供品，恢復歷史原貌，擔心會因此冒犯當地人的信仰。

文化資源的建設和再保護

在旅遊產業逐漸成為國民經濟重要產業的背景下，一波又一波的旅遊開發熱潮不斷湧現。許多城鎮、縣市甚至鄉村，都加大投資力度，針對當地的歷史人文特色，進行旅遊資源開發。一路走訪，看到許多修繕一新的旅遊景點，再現當年的歷史原貌，令人欣慰；但也發現不少經鉅資建設的旅遊設施無人問津，加上缺乏必要的維護，日漸凋零的場面不禁讓人心痛！

官渡曾是曹操戰勝袁紹、奠定「天下一統」基業的主戰場之一，遺跡現位於河南鄭州中牟縣。西元一九九三年，中牟縣政府曾徵地兩百餘畝，「舉中牟縣當年可以拿得出的全部財力」，投資一千六百八十萬元，興建了官渡古戰場旅遊區，只用短短一年時間，就建設完成。官渡古戰場旅遊區內，除官渡橋、曹公壘、漢井、拒袁斬將碑等遺址外，最具特色的，就是占地五十畝的古戰場藝術宮，它由十個古軍帳組成，採用三維雕塑的立體造型和聲、光、電、機械等現代科技，串連三十八個故事場景，重現「官渡之戰」的全部過程。

據說，官渡古戰場旅遊區一對外開放後，就引起很大的迴響，中外遊客慕名而來的，絡繹不絕。當地老百姓至今仍記得開業時的盛況：「來了好多人，又放炮又敲鑼打鼓，地裡的莊稼都被踩壞許多。」然而該景區的衰敗速度，也同樣「出乎外界的預料」，短暫熱鬧過後，轉眼間就變成一片蕭條。主景點古戰場藝術宮大門緊閉，和守衛好說歹說，他才答應讓我進去看看。由於年久失修，大廳內的電路已經毀損，場景陰森暗淡，塑像殘缺不全、東倒西歪、灰塵垢面，令人嘆息！

面臨同樣尷尬狀況的旅遊景點其實不少，有的任其衰落，有的被徹底拆除，了無蹤跡。在江蘇鎮江市彭公山麓建成的「三國旅遊城」，依景色秀麗的彭公山地勢起伏，占地面積三十五公頃，採用漢代建築風格，三國名勝如臥龍崗、桃園、赤壁、長阪坡、甘露寺、都督府、借箭處等無不重現，如今卻成為一家醫院的所在地，景點全部被拆除。旅行社的工作人員不迭地感嘆：「真可惜，多好的景點啊，怎麼說拆就拆了呢？」

位於湖北武漢龜山的「三國城」也面臨同樣的尷尬：龜山脊道上的一百二十尊三國群英雕像大多被移走，三國碑廊淹沒在荒蕪的雜草間，連響譽海內外的主體建築——赤壁大戰全

景畫館，也幾乎面臨被拆毀的厄運。堪稱世界一流的藝術珍品「赤壁大戰全景畫」，全長一百三十五公尺，高十八公尺，以東吳大軍在赤壁發兵為序，至曹操敗走華容道，藝術地再現了一千八百年前，赤壁古戰場群雄逐鹿的恢宏氣勢；畫卷由包括魯迅美術學院院長、副院長在內的二十八位畫家，花五年時間，全部人工繪製完成。

魯迅美術學院院長宋惠民介紹說，這幅畫卷至少可保存兩百年，從畫卷氣勢、繪畫上投入的專家力量、畫館規模等方面看，可列入世界前三名、亞洲第一。像這樣一幅譽響海內外的優秀作品，何以會面臨被拆毀的厄運呢？問題在於安放此畫的龜山赤壁大戰全景畫館。這座畫館位於龜山峰脊，是一座雙環形天壇式建築，總投資四千七百萬人民幣，建築面積一萬六千平方公尺。但在二〇〇五年一月十日開幕的湖北武漢市政協會議上，著名作家、全國人大代表、武漢市政協委員池莉等人聯合向武漢市政協提交了一份〈關於取締龜山武赤壁畫館〉的提案，稱該畫館體積過大，有損龜山風貌，有害城市景觀，要求取締。池莉解釋說，近年來，她不斷接到市民來信，對這棟建築提出強烈批評，認為這是武漢城市建設中最大的敗筆之一。此外，該館經營不善，門前冷落車馬稀的窘境，也常被人指摘。

赤壁畫館可能被「取締」的消息傳出後，震驚中國美術界。所幸經多方人士的奔走努力，全景畫館總算得以保存下來，暫時逃過了被拆毀的命運。但當我登上龜山，希望一覽這件久聞其名的全景畫真貌時，等了一下午，畫館始終大門緊閉，售票處無人看管，等待參觀全景畫的人更寥寥無幾。

隨著轟轟的機器運轉聲，一些新的文化專案正四處拔地而起，也有文化專案瞬間化作一片塵埃。在「你方唱罷我登場」的鬧劇中，不僅浪費國家大量的資金投入和創作者的辛勤付出，也是對歷史記憶和文化遺產的一次次傷害！真希望決策者們能多一點思考，少一點盲動，讓這些建設起來的文化成果，在人們的視野裡停留得更久些！

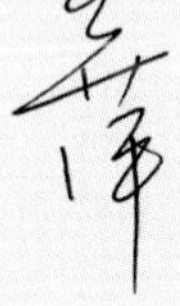

目錄

肆

伍

壹

曹操南下

01 曹操履歷表

姓名	曹操
字號	字孟德，小名阿瞞、吉利
出生	東漢桓帝永壽元年，西元一五五年
籍貫	沛國・譙縣（今安徽亳縣）
卒年	東漢建安二十五年正月（西元二二〇年三月十五日）
享年	六十六歲
歷任官職	洛陽北部尉、頓丘令、議郎、騎都尉、濟南相、典軍校尉、奮武將軍、東郡太守、兗州牧、建德將軍、鎮東將軍、錄尚書事、大將軍、司空、車騎將軍、丞相、魏王、魏公
諡號	武王
家族	祖父曹騰（東漢宦官，擁立漢桓帝有功而封侯）父親曹嵩（曹騰的養子，官至太尉）
妻妾	・丁夫人（第一任夫人。曹操長子曹昂死後，夫妻吵架，丁氏回娘家，夫妻離異） ・劉夫人（第二任夫人。生曹昂、清河長公主。早逝） ・卞夫人（從妾侍而繼室，後為王后） ・環夫人、杜夫人、秦夫人、尹夫人、王昭儀、孫姬、李姬、周姬、劉姬、宋姬、趙姬、陳妾
兒子	曹昂、曹丕、曹彰、曹植、曹沖、曹熊、曹鑠、曹據、曹宇、曹林、曹袞、曹玹、曹峻、曹矩、曹幹、曹上、曹彪、曹勤、曹乘、曹整、曹京、曹均、曹棘、曹徽、曹茂

女兒	曹憲、曹節、曹華、清河公主（夏侯楙妻）、金鄉公主、安陽公主、高城公主
外形	個子矮小，和身分不太稱頭，但英氣勃發，神采奕奕。
性格	矛盾性格的統合體——是英雄，也是梟雄；既仁慈，又殘暴；既豪爽，又陰狠；既猜忌，又推誠；既高傲，又謙卑。他亦黑亦白，亦正亦邪，允文允武，集合許多組兩極元素、矛盾情結於一身，交互運用，不會「短路」。曹操是典型的「黑白郎君」。一般凡人如果像他這樣，早就精神分裂了。
	性格元素之一：性忌 ◎「太祖性忌。」（《三國志・崔琰傳》） 他不能容忍和他裝熟、言語不遜、犯他大忌的人，如孔融、許攸、婁圭，都被殺害。
	性格元素之二：寬容大度 ◎赦張繡：軍閥張繡因生疑懼而叛曹操，殺死曹操長子曹昂、姪子曹安民、愛將典韋，後聽從賈詡之言再降曹操，曹操不計前仇。 ◎赦臧霸：臧霸幫呂布，對抗曹操，呂布敗，臧霸躲起來，曹操懸賞逮到他，不但赦免，還重用他。 ◎赦魏种：張邈反叛，魏种相隨，曹操氣炸，發誓絕不饒恕。但俘獲魏种時，曹操惜才，任命他為郡守。 ◎赦陳琳：「建安七子」之一的陳琳，撰寫〈為袁紹檄豫州文〉，痛罵曹操祖父曹騰是「妖孽」、父親曹嵩「竊盜」權柄、曹操「贅閹遺醜」。曹操攻破袁紹，擄獲陳琳，問了一句曠世名言：「你罵我，幹嘛連我老爸、阿公都罵進去？」 ◎赦騎牆派：打敗袁紹時，發現許都官員、自己軍中部屬與袁紹陣營暗通書信的黑名單，全部焚毀，不加追究。
	性格元素之三：殘忍無情 ◎嚴刑峻法。「曹氏雖功濟諸夏，虐亦深矣，其民怨矣。」（陸機） ◎徐州屠城，殺男女數十萬人。 ◎官渡之戰，認定袁紹軍詐降而將降兵活埋，前後殺八萬人。 ◎殺伏皇后：伏后寫信給父親，要求除掉曹操，事發被收捕，遭毒害，並株連兄弟、宗族百餘人。 ◎殺崔琰：罪名是「腹誹心謗」，下獄賜死。世人為之痛惜。 ◎殺婁圭：罪名也是「腹誹心謗」。 ◎殺孔融：天下第一大學者孔融，只會讓梨，不會讓人，常與曹操唱反調。曹操積恨已久，以刑法第一條「訕謗朝廷」之罪，殺其全家，並非電影中所說，他反對曹操挾持漢獻帝攻打劉備，也不是「孔大夫喝多了」以致誤事。 ◎殺許攸：曹操敗袁紹，奪冀州，許攸厥功甚偉，自此居功自傲，曾直呼曹操小名，說：「阿瞞，你沒有我，拿不下冀州。」又曾出入鄴城東門，對左右說：「他們曹家沒有我，不可能出入此門。」終於鑄下殺機。 ◎逼死荀彧：荀彧養病時，曹操派人送便當給他，裡面空空如也。荀彧受不了曹操的幽默，服毒自殺。

性格	◎殺禰衡：嘴上缺德的禰衡，當眾「遛鳥」，在曹操面前裸體擊鼓。曹操忍無可忍，用借刀殺人之計，置之於死地。禰衡這種反社會人格，放在二十一世紀觀察，可能是精神醫學上的「性偏差」，因性心理障礙所造成。 ◎殺華佗：曹操罹患偏頭痛，久灸不能斷根，懷疑家庭醫師華佗故意「養」他的病，以自抬身價。 ◎殺楊修：聰明本無害，但聰明過頭的楊修介入曹丕、曹植兄弟的權力鬥爭，犯了曹操大忌。 ◎呂宅滅門血案：殺呂伯奢一家八口，並且說：「寧我負人，毋人負我。」 曹操最敗德之舉，不在覬覦漢室，不在殺孔融、楊修或禰衡（這些事別人也會做），而在於一時起疑，殺呂伯奢一家八口。郭頒《世語》說當時曹操對董卓抗命，處境有如驚弓之鳥，對於好心款待他的呂伯奢，暗起疑心，乃「手劍夜殺八人而去」；孫盛《雜記》說，曹操聽到呂家廚房有異，「聞其食器聲，以為圖己，遂夜殺之」。魏國秘書監王沈撰寫《魏書》時說：「太祖（曹操）逃歸鄉里，從數騎過故人成皋呂伯奢，伯奢不在，其子與賓客共劫太祖，取馬及物，太祖手刃擊殺數人。」這是將滅門血案硬拗成「正當防衛」。替上司或老闆脫罪之舉，古今皆然。
	性格元素之四：善欺瞞 年少時期機警、放蕩、深諳權變之術，登記有案的詐騙紀錄，如： ◎徍騙叔父：在叔父面前假裝中風，打擊這位喜歡在父親曹嵩面前告狀的叔父。 ◎騙部隊說前方有一片梅林，讓大家流口水。（「望梅止渴」典故出處） ◎欺瞞匈奴：床頭捉刀，冒充侍衛，考驗匈奴使者的眼力。
	性格元素之五：儉樸 ◎節儉——以身作則，提倡儉樸風氣。連喪禮也以遺言交代，簡單處理，不准金玉珍寶陪葬。
學識專長	◎文學：擅長四言詩、五言詩，以四言詩為最大成就，被譽為《詩經》以後，四言詩的另一高峰。 ◎軍事：被視為軍事奇才，著有《孫子略解》、《兵書提要》等書。《魏書》說他用兵「因事設奇，譎敵制勝，變化若神」。 ◎政經：政治嗅覺靈敏，眼光精準遠大，當機立斷，大開大闔，一些轉捩點如綁架漢獻帝，操控政局；厲行屯田政策，拼經濟，都是為人所不為，見人所未見。
特異功能	◎夢中殺人：為了防範熟睡時遇刺，曹操放話說自己會像夢遊般，在睡夢中殺人而不自覺，並以逼真演技，殺了為他蓋被的侍者。貓哭耗子後，厚葬這名侍衛。 ◎心動殺人：自稱遇刺前有預感，「人欲危己，己輒心動」。

領導統御	◎用人原則：唯才是用。 ◎激勵高手：稱讚荀攸、肯定賈詡、推崇郭嘉……，曹操多次公開表揚重要謀士，宣稱自己的功勞都是他們的！ ◎公開認錯：以髮代首。曹操行軍經麥田，下令部隊不可破壞莊稼，違者處死，自己的馬匹卻不慎踩進田裡，於是做秀要求執法者議處。部屬勸阻，曹操拔劍割髮，宣稱以頭髮代替首級，以為懲戒。
生活才藝	◎圍棋——精棋藝，與當代四大圍棋高手馮翊、山子道、王九真、郭凱相抗衡。 ◎書法——善草書，功力僅次於草書大師崔瑗、崔寔父子，「草聖」張芝、張昶兄弟。 ◎音樂——音樂細胞活躍，可比行家桓譚、蔡邕。 ◎神射——為臂力強的射箭高手，曾創下一天射雉六十三隻的紀錄。 ◎善飲——曹操曾說：「何以忘憂，唯有杜康。」屬於酒黨黨員。但他目睹社會上浮華成風，「鄭康成行酒，伏地氣絕」，因此頒布禁酒令。 ◎書蠹——帶兵三十餘年，手不離書：白天讀兵法，夜裡讀經傳。
著作	**文學類** 明代張溥編輯曹操詩文一百四十五篇為《魏武帝集》，收於《漢魏六朝百三家集》。代表作如〈短歌行〉等。 **非文學類** 以兵法書為主。編著或注釋的兵書有：《孫子略解》、《太公陰謀解》、《司馬法注》、《續孫子兵法》、《兵法接要別本》、《兵書接要》、《兵法接要》、《魏武帝兵法》、《兵書略要》等。其中《孫子略解》，又名《孫子注》或《魏武帝注孫子》，是現存第一本注釋《孫子兵法》的著作，也是曹操兵書唯一完整流傳下來的作品，其餘或只有殘章斷句，或只存書名於圖書目錄之中。
宗教信仰	無神論者。「性不信天命之事」，毀祠廟，禁淫祀，排除一切鬼神之事。
傳世名言	——設使國家無有孤，不知當幾人稱帝，幾人稱王。 ——寧我負人，毋人負我。 ——老驥伏櫪，志在千里。烈士暮年，壯心不已。
歷史評價	◎陳壽《三國志》說曹操：「非常之人，超世之傑。」 ◎許劭評曹操：「治世之能臣，亂世之奸雄。」 ◎京戲裡的曹操說：「世人害我奸，我笑世人偏，為人少機變，富貴怎雙全？」 ◎《厚黑學》：「三國英雄，首推曹操，他的特長，全在心黑。」 ◎魯迅：「曹操是一個很有本事的人，至少是一個英雄。」

02 資優生家庭

資優生曹操的家庭，是個怎麼樣的家庭？

曹操的老爹曹嵩，家庭身世不可考，陳琳〈為袁紹檄豫州文〉說曹嵩是「乞匄攜養」——乞丐囝仔。陳琳下筆惡毒、誇大、可信度低；吳人作的《曹瞞傳》及晉人郭頒《世語》則說曹嵩是夏侯氏之子、夏侯惇的叔父，過繼給宦官曹騰。

官場是極端講究「血統」的：出身尊貴，像袁紹、袁術那樣「四世三公」，當然是上上籤；退而求其次，「臣本布衣」也還能清高自傲；曹操身為宦官之後，這可是「代誌大條」，東漢晚期宦官深陷權力漩渦，雙手沾滿鮮血，臭名沖天，曹操偏偏是曹騰之孫，豈不哀哉！

幸好曹騰還算是個不壞的宦官。雖然他曾因為私心，擁立形象較差的桓帝繼位，留下臭名。

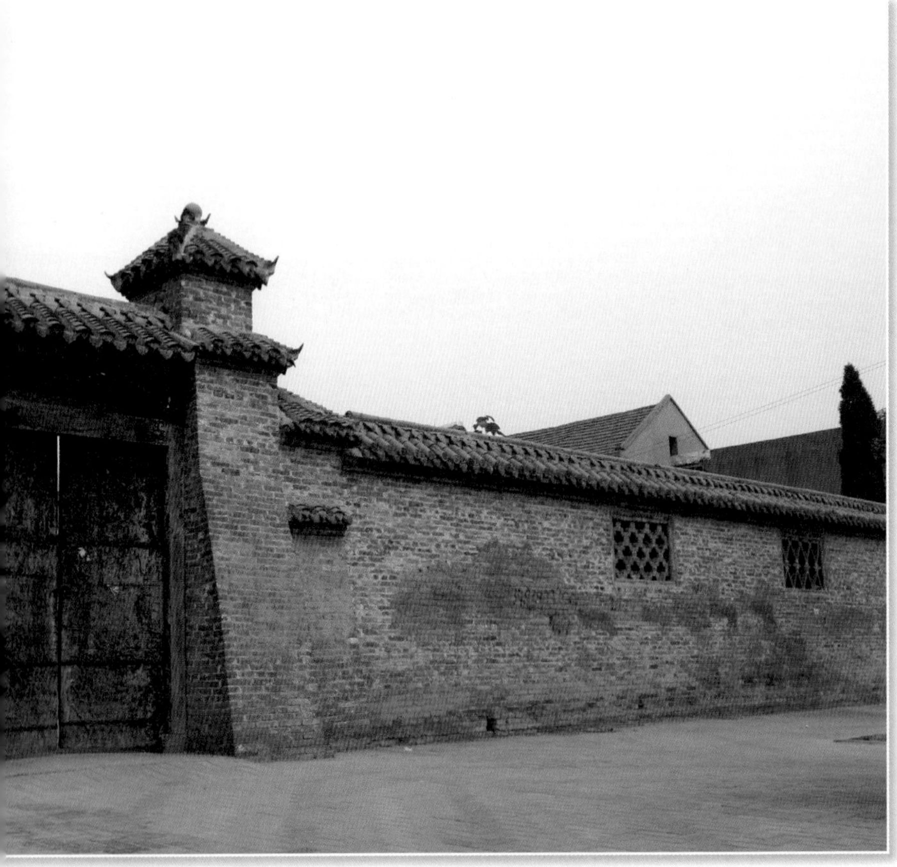

張園漢墓外牆：「張園」原名「張元」。張園漢墓為曹氏宗族墓群之一。

曹騰的家教應該算不錯的，他老爸，即曹操的曾祖父（一般寫做「曹節」，其實是「曹萌」的誤寫。曹節真有其人，一是靈帝時的大宦官，一是曹操女兒——女兒的命名竟和曾祖父一樣！避諱唯恐不及，怎麼還取同個名字？此被當做「曹節」應為「曹萌」的

曹操與他的兩個兒子曹丕、曹植。

曹氏宗族墓群一景，寬闊空盪的園區，平添幾許蕭瑟。

生性多疑的曹操，相傳死後的塚墓竟多達72座！此為安徽亳州的曹操墓。

證據）形象更好。據說，曹萌鄰居的豬走失，找到曹萌家，硬說曹家的一隻豬是他家的，並強行帶回去，曹萌也不吭聲。後來鄰居走失的豬找到了，鄰居羞愧得把豬送回，登門謝罪，曹萌則笑笑，不以為意。此事贏得美名。

曹嵩對子女「管而不教」，因此曹操從小「任俠放蕩，不治行業」，「好飛鷹走狗，放蕩無度」（話說回來，哪個成就霸業的梟雄小時候是乖乖牌）。曹操聰明、放蕩，卻並不失學，相反地還博覽群籍，並以個人雅好，帶動東漢末年的時代風氣，其家風可想而知。曹操之子曹彰、曹丕、曹植、曹沖，資質皆優；劉備之子阿斗，孫權一家的孫亮、孫休、孫皓，都不成材。曹魏政權雖無法長享國祚，但總體水平超越吳、漢甚多，其核心即在曹操的素養優於孫、劉，對人才建置與文風提倡，也是孫、劉望塵莫及。

曹操家族、團隊的知識含量，決定了三國的勝負。

曹操祖父、大宦官曹騰的墓室一角。

尚未挖掘的曹氏家族墳塚。

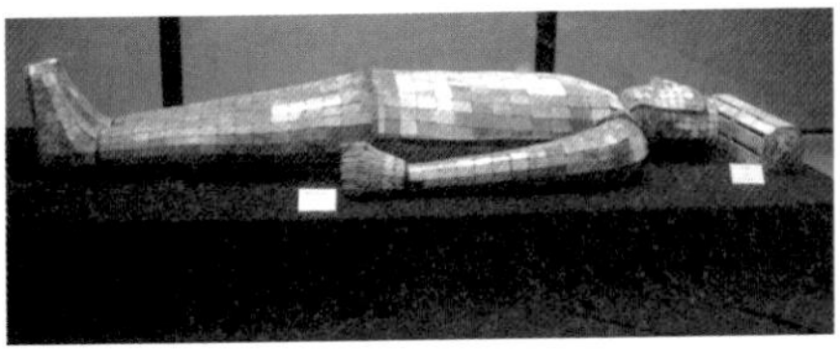
曹氏宗族墓群出土的銀縷玉衣。

位於安徽亳州的曹氏宗族墓群，宏偉的建築，令人遙想曹氏一族輝煌的年代。

03 東漢政府漸凍症

曹操的祖父曹騰因參與定策迎立桓帝有功，被封為費亭侯，權傾一時。圖為曹騰墓區展覽館。

東漢後期一百多年，外戚、宦官大車拚，把朝廷當做權力競技場，害了國家，苦了百姓。從漢和帝到靈帝，九個皇帝，大都短命（最長壽的靈帝，不過三十六歲），大權落在外戚身上。娃娃皇帝長大後，想拿回權力，就和最親近的宦官結合，扳倒外戚；宦官得勢後，皇帝又夭折而死，外戚勢力再度抬頭，和宦官水火不容，如是惡性循環。

其實這些外戚、宦官要怎樣鬥爭，關起門來是他們家的事；皇帝要怎麼惡搞是他個人自由。私德不好，公務做好也罷。可惜這些高層，但為權力鬥爭，不為事業競爭，政府組織彷如罹患了「漸凍症」（本文借用「漸凍症」的發病症狀來形容東漢政權在宦官、外戚這兩大硬化因子作祟下，一步一步萎縮。「漸凍症」的醫學名稱為「肌萎縮側索硬化症」〔amyotrophic

安徽亳州是曹操的故鄉，當地建有「曹操紀念館」來誌記這位改變東漢末年歷史的重量級人物。

廢漢帝陳留踐位：董卓廢少帝，另立陳留王即位，宦官和外戚同歸於盡。

相傳曹騰生前即大興土木建造墓室，墓室出土的這件銀縷玉衣，可想見東漢末年當權宦官的奢華。

lateral sclerosis〕，或稱為「路葛雷克氏症」〔Lou Gehrig's disease〕，不少罹患漸凍症者面對疾苦表現得極為堅強，是非常可敬的生命勇士）。

東漢政府的「漸凍症」是在東漢和帝繼位、竇太后臨朝、竇憲專政那一刻就發病了。和帝死後，殤帝、安帝相繼嗣位，鄧太后臨朝；質帝、桓帝在位，梁太后臨朝；桓帝死，竇太后立靈帝繼位。到了靈帝時代，病入膏肓，經營無心，問政無能，社會是一個全民大悶鍋，狗急跳牆，人急跳腳，渴望政權輪替。黃巾就在這種背景下出場。靈帝冥頑不靈，黃巾就天靈靈地靈靈，用法術，用醫術，收買人心。

黃巾民變本來是警訊，但遭到鎮壓之後，靈帝依然故我。東漢末年像破房子搖搖欲墜，黃巾等民變不夠力，推它不倒，等董卓這種強力打者出現，摧枯拉朽，漢室皇權從此衰頹，帝國崩解，軍閥紛爭開始。

04 外戚、宦官百年PK賽

漢光武帝劉秀靠著地主豪強出錢出力，全力相挺，建立了東漢政權（劉秀本身也是南陽豪強），因此取得天下後，功臣、外戚、劉姓宗族、富商、地主等構成的地方豪強，勢力更為強大。他們以政治特權兼併土地，擴充經濟實力，不但擁有大批奴婢、土地等資產，並且發展私人武力，建築自己的城堡（這種「大亨堡」有個專有名詞，叫做「塢堡」）。

能在天上飛，誰要在地上爬？能住豪宅，誰要住國宅？豪強拚命擴充經濟財力和政治實力，可憐底層民眾，好一點成為耕者無其田的農奴，不幸的，淪為乞丐，飢寒交迫，求生無路。

論政經實力，外戚已經是「喊水會堅凍」，夠威風了，而宦官，雖然出身門第低，不像外戚出身於世家大族，但一旦掌權，就成為更大

伏皇后墓：伏壽被立為獻帝皇后時，外戚與宦官的PK賽已結束，但朝政也輪不到獻帝主持，傀儡地位比平民百姓還不如。

位於許昌城東濮水河畔的董貴妃墓。

董貴妃墓園內的石雕神獸像。

國賊行兇殺貴妃：董承殺曹操之事敗露後，其女董貴人（後晉封為貴妃）也遭牽連，被曹操下令勒斃。

董國舅內閣受詔：獻帝因不滿曹操的跋扈，密寫衣帶詔給外戚董承，要他與有志之士共謀誅殺曹操。

尾的地主。尤其桓帝時，宦官幫忙剷除超級外戚梁冀之後，氣勢猖狂，連良田美業、山林湖澤都被他們A走，其中宦官侯覽強占的他人資產，就有住宅三百八十一所，田地一百一十八頃。

外戚、宦官，從權力衝突到武力火拼，場面爆烈。雖然外戚掌握大權，但論宮廷鬥爭，出手之準之狠，宦官稍勝一籌。從漢和帝開始，一百年來，宦官、外戚鬥不休，宦官六次擊倒外戚，竇氏（前後有兩組）、鄧氏、閻氏、梁氏、何氏，都敗下陣來。桓帝扳倒梁冀後，宦官有功，封了侯，但和皇帝至少還是君臣關係，最誇張的是漢靈帝，索性和宦官升級為親子關係；漢靈帝自願矮一截，公開喊出「張讓是我爹，趙忠是我娘」。以張讓、趙忠為首的「十常侍」（實際上是十二名大宦官）囂張無比，一人得道雞犬升天，全國都是這些雞犬的爪牙，抓得百姓傷痕累累，氣息奄奄。到後來，宦官集團和外戚首腦、大將軍何進爆發衝突，這一次兩敗俱傷。東漢百年來外戚、宦官的恩恩怨怨，至此告一段落，都沒得玩了。權力遊戲的主導權，交到另一個大軍閥董卓手上，政局也更亂了。

05 許都，許曹操一個未來

如果要走一趟三國之旅，河南許昌是不容錯過的景點。

郭沫若先生以「聞聽三國事，每欲到許昌」來形容許昌和三國的密合關係。

許昌就是許縣，屬於豫州潁川郡，建安元年（西元一九六年），曹操迎立漢獻帝後又稱許都。曹丕稱帝，改名許昌。舊城址在今日河南許昌東，即今張潘鄉古城村。

許縣名稱的流變，反映出曹氏政權的消長。

關鍵點是曹操從洛陽奉迎天子遷都到許縣。

這一奉一遷，給了曹操無比的希望。雖然他和袁紹的實力不成比例，但有了操作的空間，就有翻盤的可能。

遷都學問大。同樣帶著皇帝，主導遷都一案，董卓、曹操作法大不相

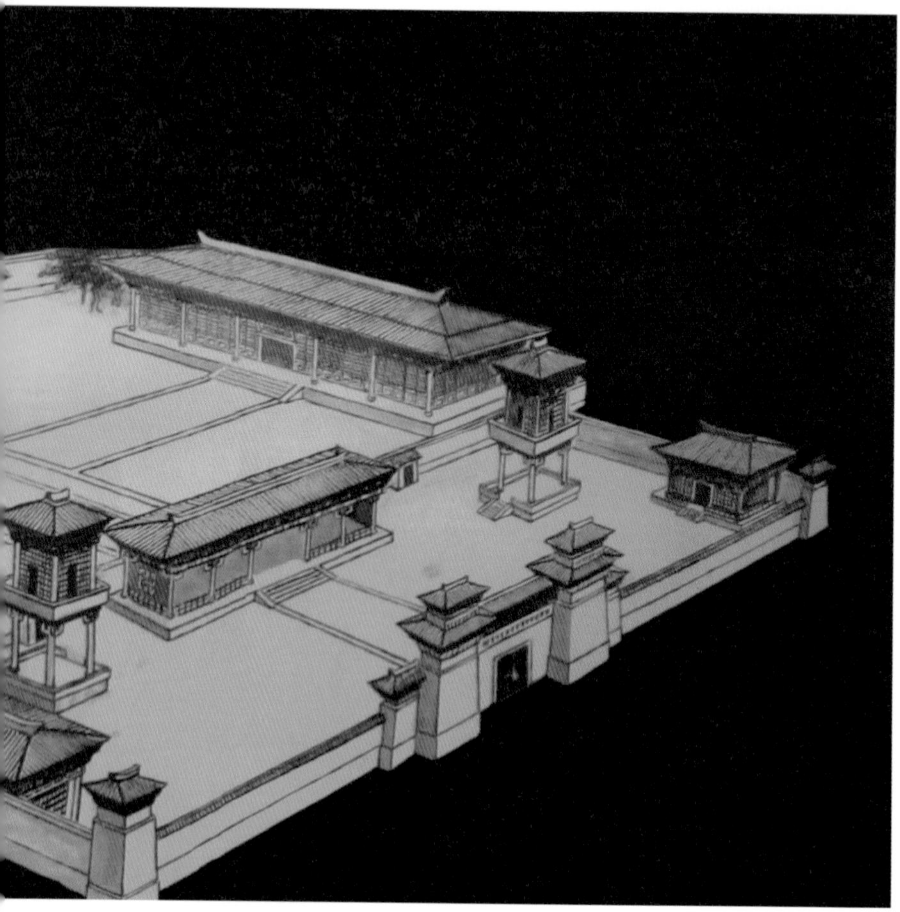

同，從這裡可以看出兩人對生涯規畫和組織經營的理念。

董卓頭腦少一根筋，從洛陽遷都到長安，百害而無一利。為了避關東聯盟的鋒芒，他強迫洛陽幾百萬人口

曹操練兵臺：位於河南許昌，相傳曹操曾在此訓練士兵。

許都宮殿復原圖：雖然不及明清皇宮氣派，但在那個兵荒馬亂的時代，曹操能於短時間內興築而成，亦可想見他的企圖心。

遷徙，並且放火把洛陽燒個精光，洛陽周圍兩百里，「室屋蕩盡，無復雞犬」。雖然有點「堅壁清野」的味道，但料事不中，袁紹根本沒敢過來。未蒙其利，先受其害，反而把兩百年來中國第一大城燒個精光。

燒掉自己手上的籌碼，等於拿槍口對準自己。毛澤東批評說：「古代生產力水平很低。養兵很多，打起仗來，對經濟的破壞確實很大。有時確實像蝗蟲一樣，飛到哪裡就把哪裡吃光。三國時董卓把長安到洛陽一帶的人都殺光了，把洛陽完全毀滅了，打仗時沒有吃的東西了，就吃俘虜。」

曹操聰明得多。漢獻帝在長安，狀況悽慘。長安在李傕、郭汜內鬥之中虛耗、空轉，宛如人間地獄。獻帝想離開長安，回洛陽，但返鄉之路極為坎坷。輾轉流浪，餐風露宿，折騰了一年才回到洛陽。洛陽這時和廢墟沒兩樣，群臣像乞丐，沒得吃，沒得住，自己採野菜吃，找不到吃的就活活餓死。

此時曹操以善心人士的姿態出現，打著「奉迎天子」旗號，迎接皇帝這個丐幫幫主。

在政敵及後人眼中，所謂「奉天子」，其實是「挾天子」的負面名詞（或把「挾」字釋為「倚重」則無貶意）。但曹操剛開始對獻帝還真不錯，至少表面功夫做足，蓋了景福殿給獻帝住（後來另外為獻帝營建宮殿，景福殿變成丞相府）。皇帝總算有點尊嚴。

我們現在大可事後諸葛的說，迎天子，利大於弊，早該做了。但其中投資報酬率，不能不計算清楚。至少

射鹿臺：相傳曹操迎獻帝到許縣後，常陪同打獵，並在此地建亭築臺，後稱「射鹿臺」。

曹操石雕像。

運糧河：溝通潁水的運糧河，是曹操許下屯田的主要人工河流，現已乾涸。

受禪臺：位於河南許昌，相傳為曹丕接受獻帝禪讓之處。

此為位於河南許昌毓秀臺的天爺廟，相傳為獻帝祭天的地方。

漢獻帝廟：位於許昌郊區的漢獻帝廟，如今也已十分荒涼。

袁紹經過評估，就覺得這項投資不划算。袁紹的謀士沮授（此人和田豐都是人才，可惜在袁紹底下做事，不受重用，成為悲情二人組）曾獻策，西迎獻帝，遷都鄴城（挾天子而令諸侯，蓄士馬以討不臣），這麼一來，大事底定，誰與爭鋒？然而郭圖、淳于瓊反對（相對於謀略過人的沮授、田豐，這對烏龍二人組，老出餿主意，偏偏袁紹對他們信任指數百分百）。他們反對的理由是，皇帝接了過來，聽他的，他是老大，我們算老幾？不聽他的，會被罵耍老大，形象大壞。礙手礙腳的，又何必？

袁紹不下手，曹操就不客氣了。事實證明，根本未發生如淳于瓊說的，迎天子會感覺「卡卡」的（從之則權輕，違之則拒命）。曹操在許縣重建漢室朝廷，並善加運用天子招牌，發布命令，招募人才，開展一生志業。

曹操是現實主義者，擁有天子這個神主牌還不夠，最重要的是實力。除了軍力，還要經濟力。強兵足食，缺一不可。後勤補給做不好，打起仗來必定虎頭蛇尾。曹操可不要一支先發投手實力雄厚，牛棚（救援投手）戰力不足的職棒球隊。

人要糧食，馬要糧草，糧秣哪來？擺在眼前的事實是，全國缺糧，官方到民間都一樣。「民人相食，州里蕭條」。袁紹在河北，採桑椹裹腹；袁術在江淮，捉蚌蛤來吃。曹操也好不到哪去，收復兗州後，程昱籌糧，還得摻些人肉。

於是曹操在棗祗、韓浩等人建議下，決心拚經濟，徹底解決糧食問題。他推出屯田方案，並頒布〈置屯田令〉：「夫定國之術，在於強兵足食。秦人以急農兼天下，孝武以屯田定西域，此先代之良式也。」這一段話是曹操透過讀史，參考過去，對照現在，瞻望未來的綜合心得。

曹操先前收降的黃巾軍提供了耕牛、農具和勞動力，土地來自連年兵災廢棄的農田，加上招募大批流民，組成農業生產大隊。許都是東漢首府，也是屯田模範縣，第一年就豐收，「得穀百萬斛」。隨後把成功經驗用現代連鎖加盟店手法COPY到各地，數年後，穀倉滿滿，成為日後爭霸的最大本錢。

曹操就這樣在許都發展霸業，許都成為全國政經文化中心。因此許昌的三國遺址多。有些是史實之下的遺跡，如許昌故城、受禪臺、毓秀臺、練兵臺、議事臺、愍帝廟等，有些由《三國演義》或其他三國流傳的故事附會而來，如射鹿臺、灞陵橋等。

愍帝陵：劉備即位為帝後，追謚獻帝為「愍帝」。此為其衣冠塚。

毓秀臺：相傳為在許都的獻帝祭天所在。

漢獻帝廟內的三絕碑：除〈受禪表〉碑外，另還有〈公卿將軍上尊號奏〉碑。兩塊碑文皆讚許曹丕之能，受禪為帝乃天經地義。

受禪表：位於許昌漢獻帝廟內，因由朗王文、梁鵠書、鍾繇鐫字，故又稱「三絕碑」。

【走看許昌城】

河南許昌，東漢時為許縣，因曹操挾獻帝至此以令諸侯，天子所在，即是首都，故又名「許都」。曹丕竄漢後，將都城遷回洛陽，取「漢因許而亡，魏因許而昌」，將「許縣」、「許都」改名「許昌」，沿用至今。這裡有許多三國名勝古蹟，部分仍保留完好。

位於許昌漢獻帝廟內的〈公卿將軍上尊號奏〉碑。

春秋樓景區內保存的唐吳道子所繪的「關羽挺風勒馬圖」。

許昌故城內城土牆下，有許多漢代文物出土。

伏皇后墓旁一景。

許昌十景之一的春秋樓。

代擴建，如今規模宏偉。

重建後的御秀臺台階與山門。

位於許昌市區東南方的許昌故城
城遺址。

位於御秀臺中央的運兵道通氣孔。

三重檐式高臺建築的關聖殿，氣勢非凡。

春秋樓景區內新修的關聖殿。

春秋樓

【驚艷博物館】

許昌博物館位於許昌市區內，為一融合南北風格的仿古園林式建築，裡頭展出的多半是漢魏出土文物，包括畫像石、畫像磚、陶器、銅器、石刻等，充分展現三國時期的生活百態。此外，安徽亳州曹氏宗族墓出土的文物，也可一窺當時的工藝技術。

常見的陶製耳杯。

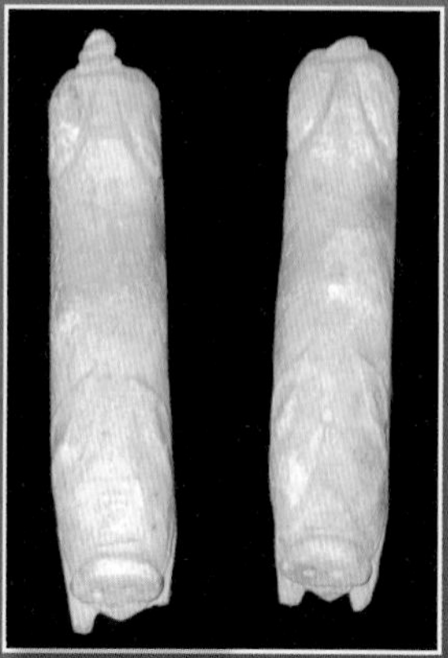
出土文物——玉豬。

是豢養家畜的陶圈模型。

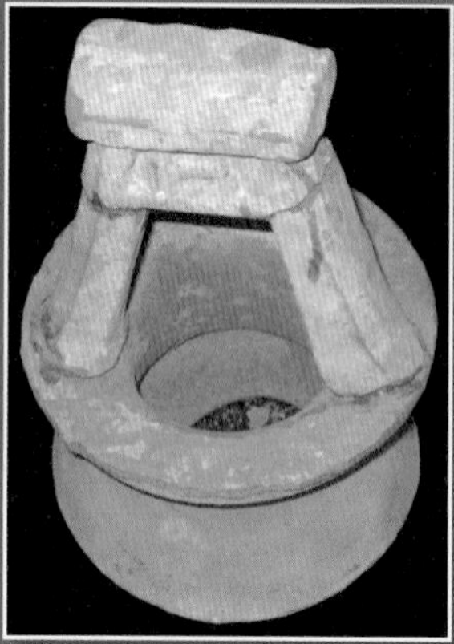
另一種造型的陶井。

當作陪葬品用的陶井模型。

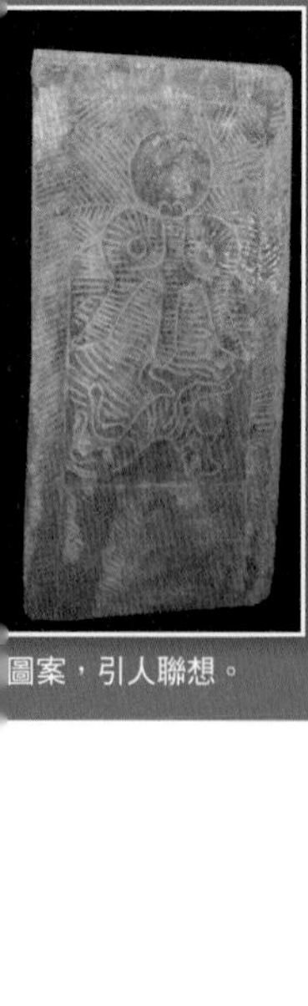
圖案，引人聯想。

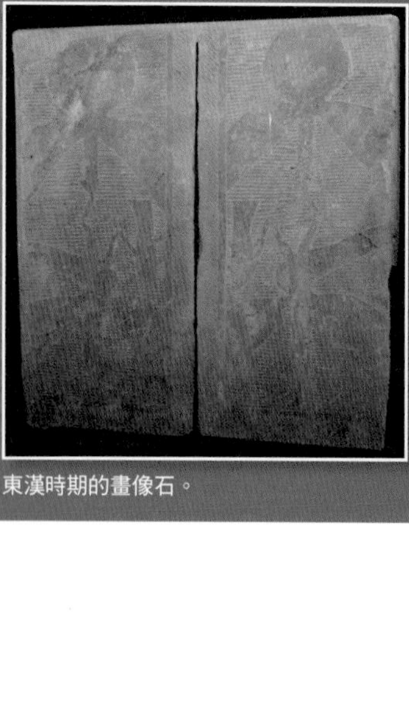
東漢時期的畫像石。

彩繪陶鼎，依稀可見上頭的花紋樣式。

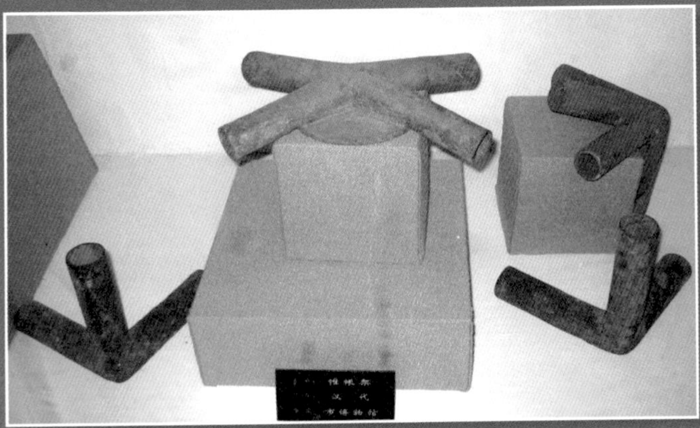

撐起帷幕的銅製帷帳架。

至今依然美麗的青瓷罐。

銅製的博山蓋薰爐。

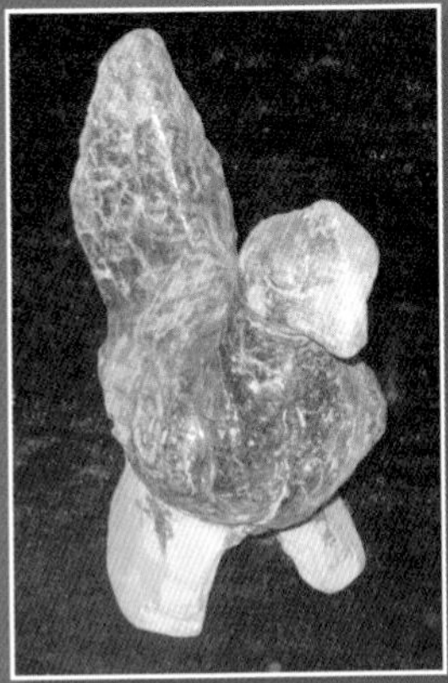

依稀可見光澤與紋飾的陶雞。

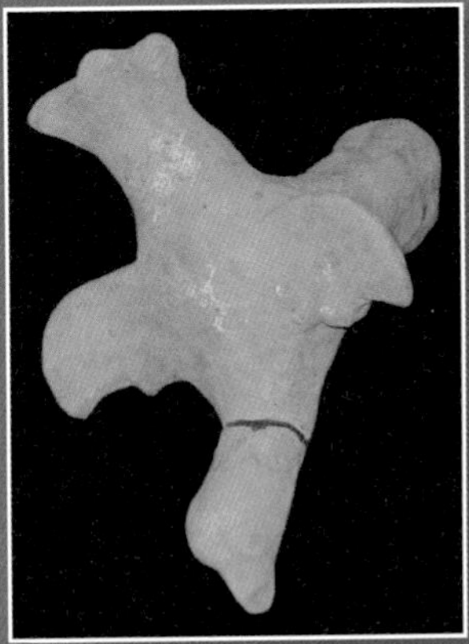

展翅飛翔的陶鴿模型。

磨麥、磨米的陶磨模型。

維妙維肖的陶灶模型。

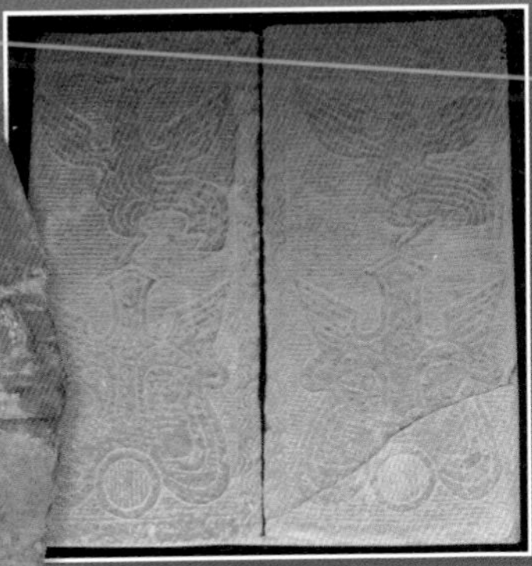

畫像石上的圖案，許多與神話傳說有關。

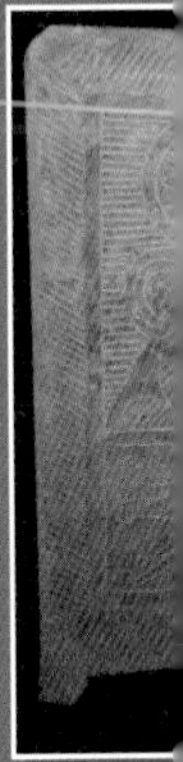

畫像石上逅

造型古樸的三足銅鼎。

圖為鐫刻字句的畫像磚。

精雕細琢的漢代石製墓門。

青銅製溫壺，底下僅三腳支撐。

雕工精細的畫像石，擁有獨特的藝術風格。

許昌博物館所收藏的畫像磚。

保存完好的東漢時期象牙尺。

盥洗用的銅洗，中有雙魚紋飾。

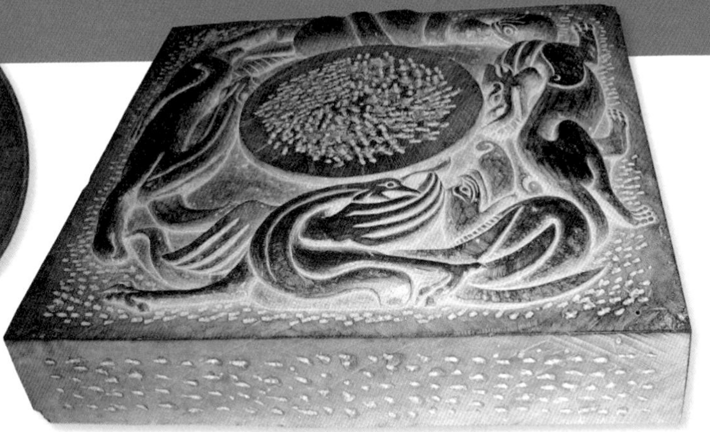

巨大的畫像磚石，刻畫著遠古神話世界。

造型特殊的單柄銅壺。

東漢時期的銅熨斗，上頭置放燒紅的木炭後即可使用。

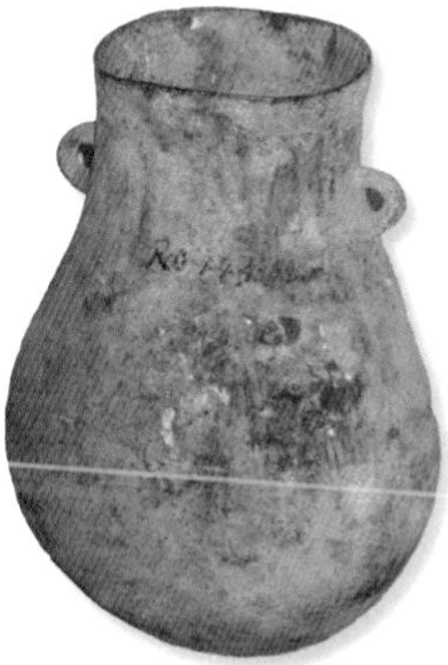

用來盛水的雙耳扁壺。

高聳的柱狀紋飾，令人讚嘆不已。

三國時期的兵器——銅製弩機。

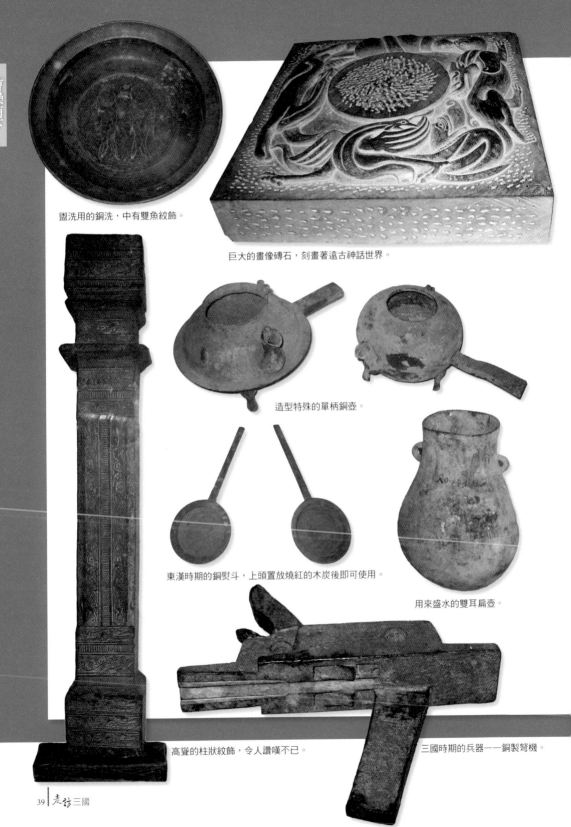

06 曹操的大領導力

曹操將漢獻帝當作大玩偶、遙控玩具，他自己是藏鏡人、魔術師，在漢獻帝背後建立一個過渡政權、影子內閣——在許昌都城之外，建立鄴城治所——一個獨立指揮、運作效率極高的軍政體系，隨時可以取代許昌的軍政中心。

儘管曹操被當代及後世謾罵，但不可否認，他有為有守，在廢墟中建立了金字塔。東漢亂世是一座廢墟——物質的廢墟、人性的廢墟。曹操在這座廢墟中大力整建，對頹廢、貪腐、敗德的人性進行洗滌，賦予積極正向的意義，並且改造殘破不堪、「人相食啖」的悲慘社會，建立安身立命的環境。

這些成就，植基於曹操經營團隊的能力。

曹操團隊「謀士如雲，戰將如林」，龐大的人才來自於他毫不設限的原則——「吾任天下之智力」。袁紹、劉表與曹操一樣人才濟濟，但曹操他懂得因材任使、賞罰分明、信任有加、激勵有方，比對手建立更加完備的人才庫。

曹操用人的眼光和胸襟，獨步當代。他和袁紹共同起兵討伐董卓時，袁紹問如果兵敗，應據守何處？袁紹自己講了一個戰略藍圖，曹操卻認為關鍵不在地利而在人和，只要人才聚集，為我所用，在哪裡都成。

曹操非凡的領導力，表現在人才經營上，有幾項特色：

一、**能包容他們的錯**：

有什麼比降而復叛更大的錯？張繡降而復叛，還殺了曹操長子和姪子；二度投降時，曹操不念舊惡，仍然錄用。情節較輕的，就更不用說了。曹操初任兗州牧時，任用畢諶。當張邈挺呂布，反叛，並把畢諶親屬扣押為人質，曹操念及人質安全，請畢諶投靠過去，畢諶叩頭表達忠誠，曹操感動落淚，不料畢諶還是落跑了。呂

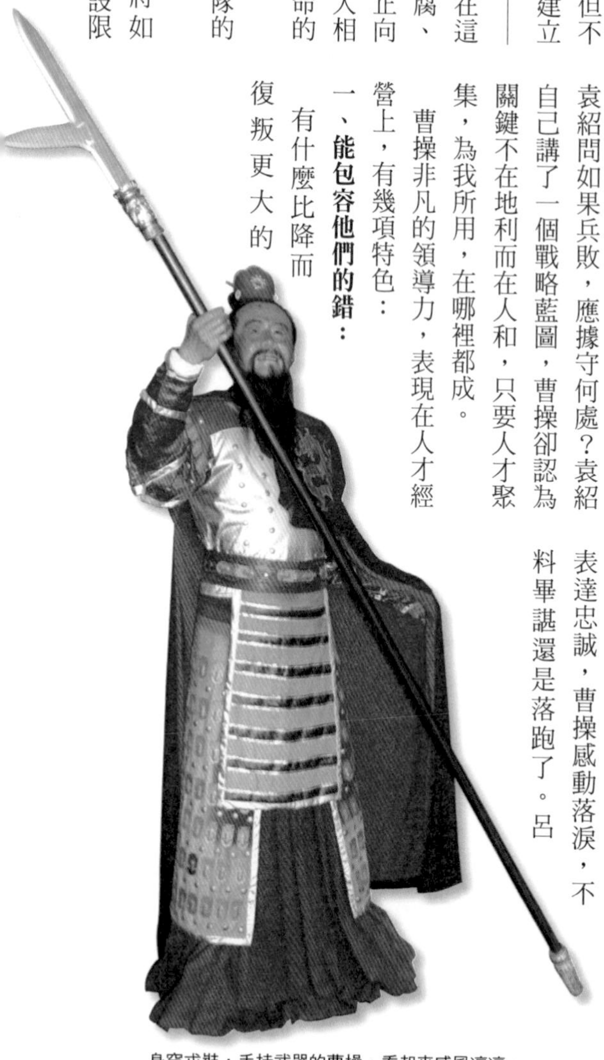

身穿戎裝，手持武器的曹操，看起來威風凜凜。

◀「衰雪」碑亭：位於安徽亳州的曹操地下運兵道入口處。

布敗，畢諶被逮回來，大家以為他死定了，曹操卻說：「孝子必然也是忠臣，我就是要這種人。」再度任用。官渡之戰，陳琳把曹操罵得那麼不堪，連祖宗三代也罵進去，但曹操打敗袁紹後，俘獲陳琳，不予追究。甚至官渡之戰打敗袁紹後，清查敵人物資，發現大批信件，內有不少部將私通敵營的證據，卻也不予追究，一把火燒了信件證物。

二、能肯定他們的對：

趙翼《廿二史箚記》說得好：「荀彧、程昱為（曹）操畫策，人所不知，（曹）操一一表明之，絕不攘為己有，此固已足令人心死。」領導者給足面子，用現代的說法，就是一種對於智慧財產權應有的尊重，計由誰出，一一表明，部將焉能不為主子賣命？

三、上下交相鼓勵：

曹操對部屬的態度是，你鼓勵我逆境上游，我鼓勵你逆耳忠言。

(1)逆境上游：

好幾次出征，曹操信心動搖，想打退堂鼓，是他的團隊成員為他打氣，讓他挺起精神，撐了下來，最後獲得逆轉勝。比如官渡之戰時，曹操戰況吃緊，考慮退兵，寫信給留守的荀彧。荀彧鼓舞曹操：袁紹能聚人卻不能用人，而你神勇聰明，又以天子名義討伐袁紹，安啦，你一定贏的！

這和逢迎拍馬屁不同的地方在於，所講的好話都是真話，是無論主客觀都存在的事實，講出來，分析開來，是為了肯定並且強化下列信念，讓領導者了解敵我態勢：

◎我沒那麼壞，他沒那麼強；

◎我有優點，他有缺點；

◎發揮優勢，我就能贏；反之，引導對手暴露缺點，他就會輸。

(2)逆耳忠言：

接納不同聲音，不但考驗領導人的包容力，也考驗領導人的判斷力。曹操北征烏桓，諸將表示反對。曹操不但照去，還打贏了。凱旋而歸後曹操並未得意忘形，在當初反對的將領前炫耀，反而嘉勉他們態度之謹慎，希望以後不要忘了勸諫。

一般認為曹操唯才是舉，不重私德，實際上他特別欣賞有格調、忠君、孝順、講信義的人。可惜以上所論的領導力，主要表現於討伐董卓到平定關中期間，三分天下後，外需轉內銷，曹操強化內部團結、剷除異己等遺憾，大都發生在此時。

夏侯敦墓：位於河南許昌市城西的河街鄉賀莊北，可惜年代久遠，幾乎難以辨識。據說附近不遠處還有夏侯淵墓。

議事台遺址：曹操議事台位於鄢陵縣馬欄鎮議事台村西，相傳為曹操與謀臣議事之處。

賈詡墓舊址：位於許昌市北十公里處，因年代久遠，墓室已遭破壞，原址也成農田。

【曹氏風雲錄】

亳州曹氏一族，在東漢末年因宦官曹騰而顯赫一時。曹操崛起後，繼續發揚光大，至其子曹丕，更代漢而立，成為帝王之家。如今的安徽亳州，有曹騰墓、曹氏宗族墓群、曹操紀念館，就連繁華街道上，也矗立著曹操大型石雕像，述說著一代梟雄的不凡人生。

曹操運兵道的外牆石刻。

位於河南中牟的官渡古戰場遺址。

曹操與袁紹對峙的戰場，如今已是大片玉米田。

曹操紀念館區的陳列館。

曹氏宗族墓園裡的武神官像。

曹氏宗族墓園裡的文神官像。

官渡之戰遺址上矗立的曹操騎馬像。

曹氏宗族墓群內部的穹隆頂。

曹氏宗族墓群的墓門之一，上頭繪有避邪神獸。

這棵瘦槐樹，相傳曾是曹操拴馬的地方。

曹氏宗族墓出土的銀縷玉衣和玉枕。

位於官渡寺內的練武場。

曹騰墓內偏室的漆紅木門。

當年曹操即利用這些地下秘
將士兵運進運出，出奇制勝

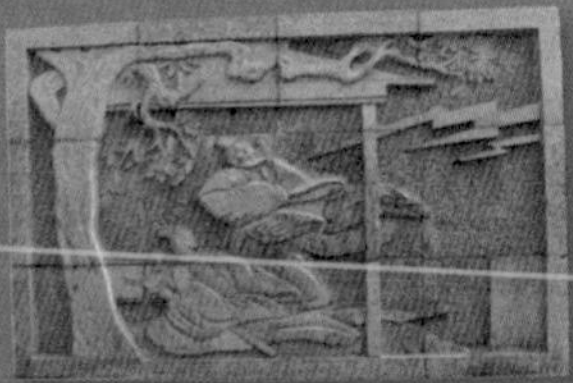
描繪「青梅煮酒」場景的石雕圖。

至今發現的曹操唯一書蹟「衮雪」。

曹操騎馬望江石刻圖。

另一種造型的曹操石雕像。

亳州街道上的曹操巨型石

07 預知死亡紀事的神醫華佗

我們形容一位醫生醫術高明，常用「華佗再世」一詞。華佗成為神醫的代名詞，可見他在後人心目中的地位。

《三國志・方技傳》留下華佗許多不可思議的行醫記載。他開藥，幾種藥材，配方簡單，藥效強大；他抓藥，不必秤重，一把抓起，準準準；他針灸，穴位不過一兩處，病患藥到病除，一扎見效。如果需要動外科手術，華佗讓病人喝下他發明的麻沸散，這是目前所知世界最早的麻醉劑。

華佗還有個神奇本領，套用馬奎斯小說篇名，叫「預知死亡紀事」。他不會卜卦算命，不看面相，但憑一流醫術，據以研判。

說他預知死亡，其實是預知病患病情所能拖延的生命時程。

《三國志》記載，有個叫梅平的人，病了，被炒魷魚，準備回家靜養。半路遇到華佗，華佗診斷後說：「你早點碰到我就好了，現在為時已晚，你快回家和家人見最後一面，五天後你就會死掉。」五日後梅平果然掛了。

有時候病人按時服藥可以不死，但命運就麼奇怪，閻王要人三更死，絕不留人到五更。有此記載：李成有病，久咳不癒，失眠，不時吐血，

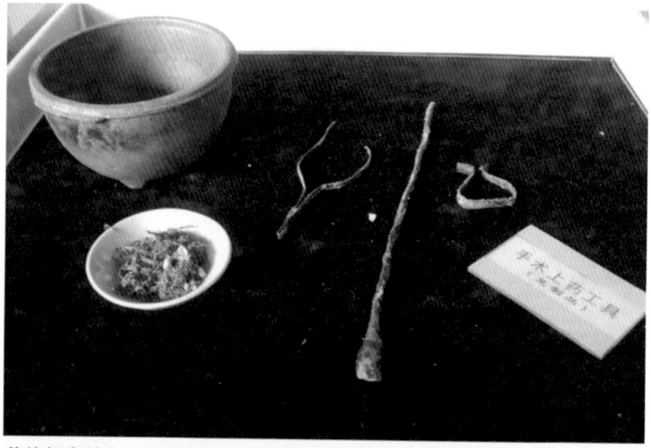

華佗紀念館內所展示的東漢末年醫者手術上藥工具的複製品。

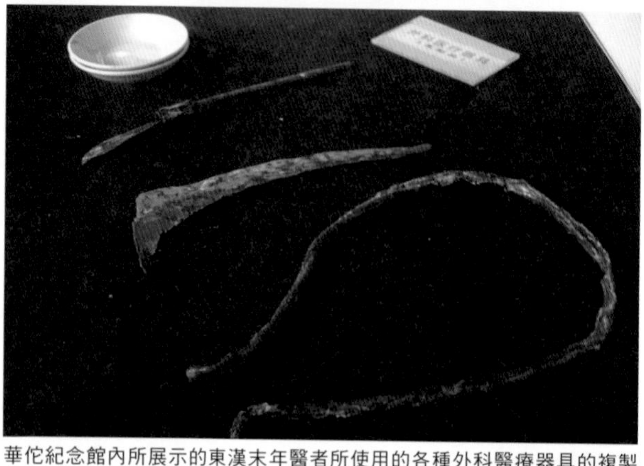

華佗紀念館內所展示的東漢末年醫者所使用的各種外科醫療器具的複製品。

▲自怡亭：這個四角涼亭，相傳為當年華佗休憩的場所。

◀位於安徽亳州街道上的華佗塑像。

古藥園：位於華祖庵內，裡頭種植許多珍貴的中藥材。

華佗一診，說：「你的病源是腸子腫毒，咳出濃血，不是來自肺部。開兩錢藥散給你，服藥後會吐出兩升多濃血，好好調養，一個月後可以起床，一年後痊癒。十八年後稍會復發，服藥就會好，否則會死。」華佗留藥兩錢給李成。五六年後，李成親人得了同樣的病，快要死了，就向李成要這藥方救急，並答應等病好了，再跟華佗要一帖還他。不料華佗後來出了事，要不到藥，十八年後，李成的病復發，沒藥，就死了。華佗真的神準。

華佗治病，不一定抓藥，有時只用簡易食療。有人食不下嚥，喉嚨哽住，華佗告訴病患家屬，前方路邊有個賣餅的，他的配料有一種蒜泥調和的酸醋，吃個三升，不藥而癒。果然，病人服用後吐出蛇狀寄生蟲，就沒事了。

有時甚至不必任何藥物、食物。某郡太守有病，華佗診斷發現，不需開藥，只要怒氣攻心。於是收了錢，不聞不問，最後落跑，太守勃然大怒，

元化草堂：位於華祖庵內，相傳為華佗故居。

課徒館：位於元化草堂後方，相傳為當年華佗授徒、講學的地方。

吐出黑血。這一吐，咦，好了。

華佗妙手回春，完成臨床上不可能的任務，許多事蹟過於神奇，以致有人懷疑，他的故事揉合了神話傳說，本身沒那麼厲害，甚至有人懷疑華佗是外國人。

國學大師陳寅恪在三〇年代發表論文〈三國志曹沖華佗傳與佛教故事〉指出，華佗來自天竺語（印度梵語）

華佗紀念館內的華佗塑像。

「agada」，是「藥」（丸藥或解毒劑）的意思。

華佗原名華旉，因為醫術高明，人們將他和印度神話中的藥神相比，去「agada」的字首元音「a」，變成「gada」，其音譯和「華佗」二字的古音近似。於是「華」姓保留，名字轉為「佗」字，是為華佗。

陳寅恪發現，《三國志》所載的華佗故事，包括斷腸破腹、病患口吐赤色蟲等事蹟（華佗的開刀手術是先讓病人服下麻沸散，再破腹取出患結，患處如果是腸子，就切開腸子清洗，再縫合、敷藥；如華佗讓廣陵太守陳登服二升湯藥，吐出三升蟲，頭會蠕動，半截身子如生魚片），原型來自印度佛教傳說，脫胎自印度神醫耆域的故事。

學者認為，華佗行醫事蹟，和我們耳熟能詳的「曹沖稱象」（中原當時沒有大象），以及竹林七賢故事，都有印度神話背景。這些印度故事流傳到中國後，陳壽再把它混入歷史撰述裡。

也有學者認為華佗是波斯文XWadag的諧音。XWadag含義為「主」或「神」，是主君、閣下、先生的意思，就像一般尊稱醫生為「先生」，所以華佗不是人名，而是一種職業。

不管華佗之名源自哪裡，考諸史書，華佗不是虛構人物，的確有這麼一位醫生，醫術還算高明，但可能不像傳說那麼神乎其技。

華佗不是光會治病，他懂養生之道。本來嘛，養病不如養生，保養就是保命。華佗保養有方，駐顏有術，靠的不單是吃藥針炙，還有一套健身運動、養生操。他發明了五禽戲，所謂五禽戲指的是：虎戲、鹿戲、熊戲、猿戲、鳥戲，依五種動物動作所展開的健身操。

常看功夫、武俠電影的朋友，對少林五形拳應該不陌生。少林五形拳：龍拳、虎拳、豹拳、鶴拳、蛇拳，據說脫胎自華佗的五禽戲。兩相對照，虎還是虎，而鹿、熊、猿改為龍、豹、蛇，鳥則轉變為鶴，成為鶴拳。

一般說法，少林五形拳是達摩祖師

面壁九年領悟而創，但其實是覺遠大師等人參研改造而成，而這套武功源起於華佗——雖然華佗並非武術高手，五禽戲也不用來打鬥。

像華佗這種國寶級人物，到哪裡應該像國家公園一樣，列入重點保護。

然而就像很多文學藝術、農耕、棋藝等專業人士，常常窮困潦倒，得不到社會的尊崇禮遇。技術力比不過政治力，讓人心生無奈。

華佗經常悔不當初，怎不循正常管道，讀書、考試、升官、發財？諷刺的是，華佗的醫術活人無數，卻害死自己。

曹操有親戚重病，華佗看診，說這病不是一朝一夕可以治好，必須長期醫療，才可活命。但他想念家中妻小，得先請假，返鄉探親。華佗回

華佗墓：位於河南許昌城北15公里處。墓前有清乾隆年間所立的石碑。

華佗紀念館：位於華祖庵內，為西元1962年地方政府撥款興建。

華祖庵：位於華佗的故鄉——安徽亳州。華祖庵原名華祖廟，是敬奉神醫華佗的地方，興建年代已不可考。

此為清嘉慶二年，安徽巡撫朱圭題寫的「燮理通微」匾額。

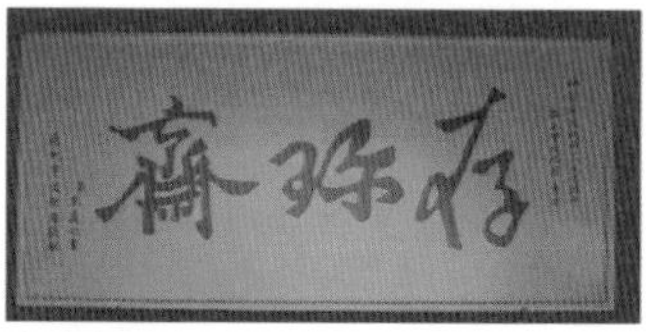

存珍齋匾額。

到家，不捨離開，多次延假，惹火曹操。華佗心想，自己擁有一身醫術專業，曹操氣歸氣，不會怎樣。誰知曹操才不管專不專業，不管華佗可以拯救天下蒼生，更何況曹操的頭風劇痛，雖多年來仰賴華佗緩解，卻無力根治，曹操以為華佗故意留一手，拿蹺耍大牌，如今又叫不回來，一時火大，派人捉來，下獄，把他害死了。

後來，當曹操心愛的兒子曹沖病重，群醫束手無策，曹操才後悔殺害了華佗。

華佗下獄時把他的醫書《青囊經》交給獄吏，卻因獄吏害怕而焚火燒掉，從此絕跡人間。

雖然華佗的醫術、著作未能流傳，至少名字留了下來，史書有傳。另一位名醫，和華佗並稱一時瑜亮的張仲景，《三國志》、《後漢書》找不到他的記載，著作卻保留至今，成為醫學經典。

張仲景，名機，字仲景，著有《傷寒雜病論》十六卷等醫學書籍。他運用「望、聞、問、切」等四診，

位於華佗紀念館旁的詩壁，誌記著歷代對華佗的傳頌與感念。

華佗紀念館內所展示的漢代製藥器具複製品。

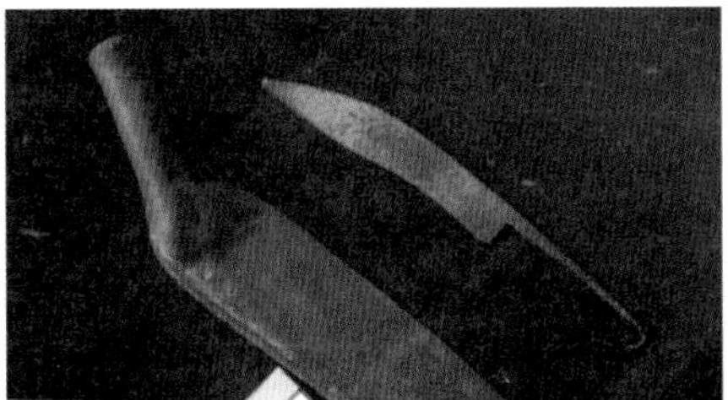

華佗紀念館內所展示的漢代採藥工具複製品。

分析和檢查疾病的部位與性質，再歸納為三陽、三陰等六種症候類型，也就是所謂六經，並以「陰、陽、表、裡、寒、熱、虛、實」等八綱，決定治病原則。《傷寒雜病論》被譽為「方書之祖」，後人把《傷寒雜病論》重編拆解為《傷寒論》和《金匱玉函要略方論》（即《金匱要略》）兩書。

【神醫大揭密】

即使沒有著作傳世，華佗仍被後代奉為「神醫」。他發明麻醉藥、自創健身操，替關羽刮骨，也幫曹操治偏頭痛。可惜曹操小看專業、不念同鄉情誼，仍因疑忌而將他殺了……亳州華祖庵，陳列著華佗的相關文物，揭露這位神醫傳奇的一生。

元化草堂內供奉著華佗（字元化）雕像。

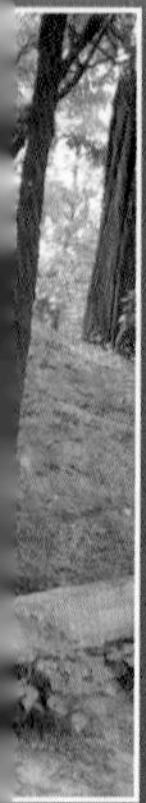

仙風道骨、風範依舊的華佗。

。

位於亳州市區裡的華佗像。

華祖庵正殿內矗立的華佗像。

存珍齋相傳為華佗製藥配藥處。

重新修繕後的課徒館。

華佗紀念館碑。

華佗墓旁的關羽塑像。

一代神醫的埋骨處——華佗墓。

從側面看堆高如小土丘的華佗墓。

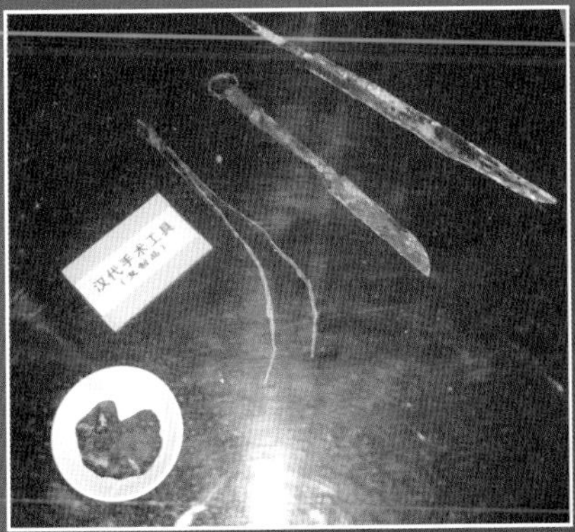

漢代手術工具的複製品。

陳列在架上的製藥器具複製品。

除製藥器具外，還有竹簡醫書。

古色古香的華祖庵。

08 官渡之戰：曹操統一北方的關鍵戰

三國時期三大戰役：官渡之戰、赤壁之戰和夷陵之戰，進攻一方都以敗場作收。其中曹操親自指揮、參與的就占了兩場，一攻一防，一勝一負，雖然勝率才五成，但過程中帶兵打仗，橫槊賦詩，表現出文武全才的特質，讓人為之驚嘆，也難怪曹操被視為一代奇才。

在官渡之戰以前，曹操尚未遭遇過這麼慘烈、這麼高規格的戰役。之前頂多是城市攻防戰，或者境外迎戰，幾天來回，點對點。這回不一樣。來者不善，善者不來，袁紹，昔日關東聯盟盟主，購併公孫瓚後，領有幽、青、冀、并等河北四州，以北方最大集團之姿，來勢洶洶，直撲曹操。

看起來是爭分區預賽的北區冠軍，但和西區韓遂、馬騰，西南區劉璋，

官渡古戰場位於今河南省中牟縣境內。此為當地興築的仿古轅門。

中區劉表，東南區孫策相比，北區卻是實力最強的一組，也就是所謂的「死亡之組」。

超級強隊袁紹，淘汰公孫瓚後，挾連勝氣勢而來，挑戰曹操。但曹操也不是省油的燈，兩年內，破袁術，滅呂布，降伏張繡（張繡降而後叛，曹袁決戰前叛而後降），戰力雖不比袁紹，卻因控制朝廷，占有政治優勢。袁紹謀士沮授提醒，曹操可不像公孫瓚那樣坐以待斃，那麼好打。

打不打曹操？袁紹陣營分為兩派。主戰派主張乘勝追擊。

乘勝追擊，是兵法基本常識ABC，然而有氣勢，還要有氣力，怕的是有氣無力。連勝，是以連戰為代價。連連征戰，連連勝利，也意味著兵疲馬困，糧食不足，這時必須休養生息，加緊生產，不要再發動大規模戰爭。

袁紹謀士沮授、田豐，都反對出戰。理由不外乎，袁曹兩軍相較，量（兵馬總數、糧食物資庫存），袁紹勝；質（戰鬥力），曹操優。對曹操

三國郵票——夜襲烏巢。

▶戰官渡本初敗績：袁紹和曹操爭奪「北區總冠軍」，一個量多，一個質優，最後質勝量，袁紹被判出局。

位於河南中牟的官渡寺，原為關羽廟，相傳康熙皇帝巡行至此，遭遇盜匪襲擊，蒙關羽顯靈搭救，方得脫困。

而言，不利於持久戰，速戰速決較有利；對袁紹來說，恰好相反，最好長期抗戰，採「拖」字訣。時間站在袁紹這邊，不必急，急不得。

拖，不代表坐在家裡，等著收割。沮授、田豐提供的策略是騷擾戰。出奇兵，打游擊，奇襲曹操邊境，讓曹操出兵援救，疲於奔命，袁軍以逸待勞，不用三年，大事可成。

三年？袁紹急於歡喜收割，沒耐性等待，所以主戰派的主張正合他胃口，是英雄或狗熊所見略同？

袁紹最後決定出兵，出動十萬軍隊，駿馬萬匹，準備直搗許都，解決曹操。

接下來的發展，證明了決策力和判斷力的重要。袁、曹兩人，對於研判局勢、訂定策略的能力優劣，註定了兩人的運勢：一個開高走低，一個後勢上揚。

袁軍來犯，曹操在官渡全面備戰。雖說全面備戰，但還是做了一件出乎許多人意料之外的事來。那就是他居然出兵徐州，攻打劉備。

（右上）相傳曹操曾將坐騎拴在這棵槐樹下。

（右下）位於河南中牟官渡古戰場附近的曹操井。

河南中牟的官渡古戰場牌匾。

這又是一次決策兩難。曹操主要對手是袁紹，大軍壓境的也是袁紹，袁紹來，你不備戰，卻分兵往東攻擊劉備，萬一袁紹大軍開到，怎麼辦？

曹操的說辭是：「劉備乃人中豪傑，現在不擺平，未來會成大患。」不怕袁紹乘虛而入嗎？不怕。曹操和謀士郭嘉認為，袁紹胸懷大志，但見事遲緩，不可能見縫插針。

果然，田豐建議，趁曹操襲擊劉備，襲擊後方，必可一舉成功。但袁紹卻以嬰兒生病，無心出戰為由，拒絕了。

曹操不按牌理出牌，袁紹想不到，劉備也沒料著。曹操大軍掩至，掃平徐州，俘虜劉備妻小和大將關羽。劉備走投無路，投靠袁紹。

接下來袁紹又是一連串決策失誤。而曹操也果真如沮授等人所讚譽的，用兵變化多端，難以捉摸，尤其以聲東擊西之計，兵向延津，轉撲白馬城，解除白馬之圍，更是經典。

曹操長於用兵，但畢竟資源不夠，戰事拖久了，極為不利，但戰爭又不

官渡戰場遺址：當年兩軍對陣的肅殺場景，如今已成幽靜的鄉村田園。

是說贏就贏，說結束就結束。曹操一度想退兵，若非荀彧力勸，曹操挺住，不會有後來的逆轉勝。

逆轉關鍵，在於兩度劫糧。一劫自韓猛，二劫自淳于瓊，後者尤其關鍵，也就是烏巢劫糧。

袁紹一萬多輛糧車停靠在烏巢，這項情報來自許攸，袁紹陣營的智囊，因故反叛，投靠曹營，帶來重要情報。

曹操率領五千名精銳部隊，親自執行劫糧任務，摸黑，抄小路，到達烏巢後，放火，襲擊。淳于瓊死守力抗。

這時袁紹又出現決策兩難：救烏巢，保糧草，或圍魏救趙，直攻曹操大本營？

袁紹內部，意見分歧。兩種方案都

官渡寺碑：相傳為康熙皇帝御賜，其上記載「關羽」被晉封為「關帝」的經過。

地方政府於官渡古戰場遺址附近興建的官渡古戰場藝術宮外景。

可行，但救烏巢比較保守而安穩，畢竟保住糧食，還有未來，還有退路，一旦曹操大本營沒能及時拿下，糧食又被劫，那就玩完了。也就是說，直撲曹營，代價太大。且重點一如袁紹的大將張郃所云，曹軍大營極為堅固，一時恐怕拿不下來。烏巢會先被擊破。

袁紹決定派重兵襲擊曹營，派輕兵援救淳于瓊。結果兩頭落空，該救的沒救到，想攻的攻不了。曹操在烏巢擊敗袁紹大軍。

官渡寺內的「練武場」，如今已是雜草叢生。

張郃被進讒言，索性投降曹操。袁軍士氣低迷，戰力崩盤。曹操烏巢大捷後，回馬槍，大破袁紹。官渡之戰，勝負底定。

曹操固然打得漂亮，但對手袁紹失誤連連，自斷生路，也是敗因。袁紹在此役暴露出的弱點，顯示他已經爬到不能勝任的位置（這叫「彼德原理」）。

袁紹的缺點包括：

(1)個人領導力不夠，缺乏王者氣象，不足以成就大事。

(2)團隊凝聚力不夠，部屬勇於內鬥，關鍵時刻不團結一致，竟然只想權位，以鬥垮戰友為能事。田豐、沮授，一打入冷宮，一打入大牢，而許攸、張郃更投降曹操，成為壓垮袁紹這頭駱駝的兩根稻草。

(3)戰略眼光、戰術修養不夠，決策失誤太多。

曹操沒這些毛病，領導人素質決定了曹操出線、袁紹出局的結果。

09 二〇八南下列車開動

所謂歷史教訓，無非是鑑往知來，致命的錯誤不要再犯。

很諷刺的是，最大的歷史教訓，卻是：人類永遠不會從歷史中得到教訓。

袁紹集團已在官渡之戰得到慘痛的教訓，田豐、沮授、張郃提出真知灼見，不被重視，反倒成為權力鬥爭的犧牲品，被排擠，被中傷，袁氏最後敗給曹操。內部分裂、權力鬥爭好像會遺傳或傳染，官渡戰後第三年（西元二〇七年），袁紹死去，生前未安排好接班人，兄弟之間撕破臉，袁紹部屬各擁其主，各自鬥爭。兩兄弟時合時分——遭受立即而直接的外在危險時，合；反之，則分。曹操發現這個定理，於是或拉或收，採用欲擒故縱手法，聯合次要敵人，打擊主要敵人，收放間，操縱自如。其間曾出動大軍，力克烏桓，迫使袁氏兄弟投奔

位於安徽亳州的曹操運兵道內的上下雙層道。

河南許昌出土的石辟邪，為漢代雕刻珍品。

曹操運兵道外圍牆。此運兵道為曹操在家鄉修建的地下防禦戰道，位於現在亳州老城區的主要街道地面下，素有「地下長城」之稱。

曹操運兵道的出口，十分隱密。

曹操運兵道的地下入口處，由此進入後，四通八達。

位於河南中牟的曹公臺，又名「官渡臺」，為曹操和袁紹對峙之處。右圖為曹公臺上的曹操雕刻像。

遼東郡守公孫康。公孫康出賣了他們，獻上首級，向曹操表態。

曹操在官渡之戰後八年終於平定北方，成為中國最大的一股勢力。但曹操這種梟雄不會以最大的股東為滿足，他還要吃下其他股份。統一中原後，他的下一步是：南下荊州、東定江東，再對付實力有限的巴蜀、關中，國家分裂狀態便結束了。

面對曹操的威脅，劉表集團和袁家一樣，外患未除，就陷入「誰是接班人」風暴。但曹操不需要任何操作，劉氏兄弟也沒有鬩牆機會，一切來得太快。曹操七月出兵，還沒攻到，隔月劉表就病死了。繼位的劉琮，成事不足，敗家有餘，上台第一件事，就是豎白旗投降。於是曹操兵不血刃，進入荊州，準備用兵江東。

儘管南征前自信滿滿，曹操大概也沒料到如此順利。然而上天開了他一個玩笑；曹操志得意滿，以為一個屬於他的時代來臨了，不料竟是惡夢的開始。

貳

孫權當家

10 孫權履歷表

姓名	孫權
字號	字仲謀
出生	東漢光和五年，西元一八二年
籍貫	揚州吳郡富春縣（今浙江省富陽縣）
卒年	神鳳元年（魏嘉平四年，蜀漢延熹十五年，西元二五二年）四月
享年	七十一歲
歷任官職	陽羨縣長、奉義校尉、討虜將軍、會稽太守、車騎將軍、徐州牧、驃騎將軍、荊州牧、吳王、吳國開國皇帝
廟號	太祖
諡號	大皇帝
家族	父親孫堅 母親吳氏（吳景之妹） 兄孫策，弟孫翊、孫匡、孫朗（庶出） 妹孫氏
妻妾	・謝夫人（早亡，無子女） ・徐夫人（孫登養母） ・步夫人（生有孫魯班、孫魯育二女）

	・王夫人（生孫和） ・王夫人（生孫休） ・潘皇后（生孫亮，孫權死前一年立為皇后） ・袁夫人（袁術之女） ・謝姬（生孫奮）
兒子	・孫登（長子，皇太子當了二十一年後逝世，年三十三） ・孫慮（次子，二十歲逝） ・孫和（三子，一度立為太子，被廢） ・孫霸（四子，被封魯王，後遭孫權賜死） ・孫奮（五子，被封齊王，後遭孫皓殺害） ・孫休（六子，吳國第三任皇帝） ・孫亮（七子，吳國第二任皇帝）
女兒	・孫魯班（長女，乳名大虎，又稱魯班公主、全公主。先後嫁給周循、全琮） ・孫氏（次女，名不詳。劉纂妻，早卒） ・孫魯育（三女，乳名小虎，又稱魯育公主、朱公主。先配朱據，後配劉纂）
外形	方頤大口，目有精光，紫髯，長上短下（上身長，下身短）。
性格	性度弘朗，仁而多斷，好俠養士。性多嫌忌，果於殺戮，晚年變本加厲。
嗜好	酗酒、打獵。
歷史評價	◎曹操：生子當如孫仲謀。 ◎陳壽：屈身忍辱，任才尚計，有勾踐之奇，英人之傑矣！ ◎孫策：舉江東之眾，決機於兩陳（陣）之間，與天下爭衡，卿不如我；舉賢任能，各盡其心，以保江東，我不如卿。 ◎李宗吾：他雖是黑不如操，厚不如備，卻是二者兼備，也不能不算是一個英雄。

哥哥爸爸眞偉大

位於南京的孫權故事園內所刻畫的孫權臨危授命，繼續父兄未竟事業的故事。

孫策是個英雄。歷史學家黎東方甚至於讚許說：「在三國時代的各方英雄之中，孫策可說是最配得上稱為英雄的一位。」因此，雖然曹操對劉備說：「天下英雄，只有你和我。」黎東方卻認為，論英雄，輪不到曹操、劉備，孫策比他們更夠格。

孫堅三十七歲遇害，當時孫策十八歲；孫策二十六歲死，孫權十九歲。權力相傳，父傳子，兄傳弟，但孫權得自哥哥孫策的多，孫策從爸爸孫堅得到的少。孫堅死的時候，並沒有一寸土地，部屬不過一千多人，略有基礎，稍嫌薄弱。是孫策，憑藉個人魅力，沿途招兵買馬，以他英挺的外形、開朗的性格，吸引各路英雄豪傑，滾雪球般，不斷增加，從接收之初的千餘人，擴編到五、六千人之多。

孫策南渡過江，用兵江東，不到十年，拿下江東六郡。戰力之強，相當驚人。

孫策的作戰力，遺傳自他爸爸孫堅。孫堅崛起於反董卓之際，當時雖有所謂關東聯盟，但一堆男人只剩一張嘴，每天置酒高會，不敢出兵。孫堅和曹操是關東集團裡唯「二」敢向董卓用兵的人，而曹操敗，孫堅勝；也就是說，和董卓部隊作戰，關東軍僅有的一勝就是孫堅所貢獻的。在那場戰事中，孫堅斬殺華雄，《三國演義》移花接木為關羽溫酒斬華雄的情節，對孫堅很不公平。

位於湖北武漢龜山上的孫策與孫權兄弟雕像。

孫堅雖然善戰，但性格不穩。有此一說：孫堅年輕時聽說吳家小姐才貌雙全，想娶她為妻，吳家人嫌孫堅為人不莊重，性格急躁，不願接受。吳小姐對親戚表示：「何必為了我而得罪對方呢？婚姻若不美滿，也是命啊！」（她就是後來在《三國演義》裡很搶戲的吳國太）

性格輕率的弱點，不只是婚姻的絆腳石而已，更成為他的致命傷。孫堅過於自信，渡水單騎追敵，慘遭暗算，正是性格使然。

孫堅壯志未酬，卻也造就了孫策，他以少年將軍之姿，馳騁江湖，短短八年，流星般掃過江東地區，散發出耀眼光芒。

匿玉璽孫堅背約：傳說孫堅在與群雄組成關東聯盟討伐董卓時，意外發現傳國玉璽，並私自藏匿，後來因此惹殺機。

12 新手上路

難道性格會遺傳，死因會傳染？孫堅、孫策父子同樣被陳壽評為「輕佻果躁」。兩人都因落單、遭襲、遇刺而死。

孫策之死也和個性有關。孫策善戰，但愛殺人，因此得到報應。吳郡太守許貢向中央打小報告，說孫策是驍雄，和項羽沒兩樣，建議朝廷把他召去京師，就近看管，以免作亂。孫策知道後，氣不過，殺了許貢。孰料許貢和孫策一樣，很得人心，門客因此決定報仇，要孫策一命償一命。偏偏孫策個性灑脫，愛打獵，喜歡享受追逐獵物的快感，馬又跑得快，保鑣跟不上。有一天打獵時落單，碰到許貢門客，仇人相見，分外眼紅，孫策被射中臉部，傷重而死。

一代英雄，這種死法，太不悲壯，於是《三國演義》根據《搜神記》等史料，寫孫策殺害有神通的道人

位於湖北武漢晴川閣前的鐵門關，相傳為孫吳抵抗曹軍所興築，而首位在此設重兵把守的，就是魯肅。

于吉（應做「干吉」），反遭于吉作祟，最後死亡。《搜神記》載，孫策嫉妒于吉的人氣太旺，找個理由，將他殺了。于吉遇害後，屍首從人間蒸發。之後孫策遇刺受傷，剛痊癒時照鏡子，見于吉在鏡裡，回頭觀看，卻又不見，於是整個人被嚇瘋，傷瘡裂開，就這麼死了。

孫策臨終前，把權力交給孫權，託請心腹幹部張昭輔佐。孫策斷氣時，孫權大哭不止。哭，是因為天將降大任於斯人也，擔負不起，戒慎恐懼？或兄弟情深，悲傷過度？不得而知。但人心惶惶，正待新任領袖心戰喊話，一逕哭，像話嗎？

張昭看不下去，提醒說：「現在是哭的時候嗎？」說完，管它服喪禮數，幫孫權脫下喪服，換上官服，扶他上馬，出去巡視部隊。

這個秀做得很漂亮，頗有安定軍心的作用。遙想當年，劉邦被項羽射中胸口，唉喲一聲，俯視腳趾，假裝被箭射到腳，還負傷上馬，在部隊面前走秀，掩飾受傷的事實，就是為了安定軍心。

孫策猝死，留給孫權未竟的事業，以及整合江東各方人才和勢力的大功課。孫策舊部紛紛表達效忠之意，部將跳槽的疑慮一掃而空，尤其張昭、周瑜的表態，最讓孫權窩心。這年是建安五年，八年後赤壁之戰爆發。

孫權與周瑜：孫策舊部周瑜的誓言效忠，對剛接管亡兄事業的孫權而言，猶如吃了定心丸、打了一劑強心針。

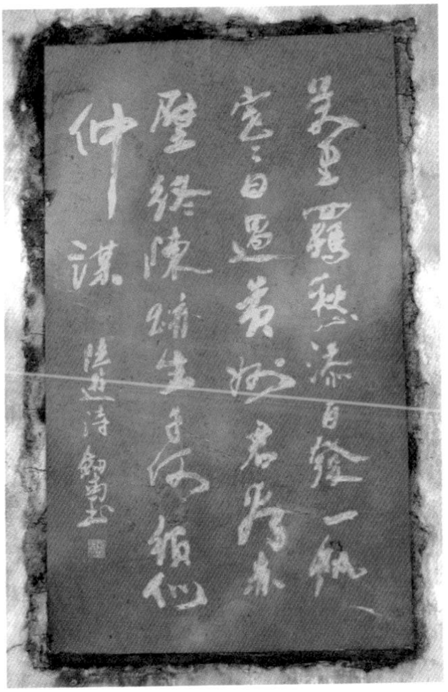

位於湖北武漢的三國碑廊所鑲嵌的陸游詩，內有「生子何須似仲謀」句，與曹操大嘆「生子當如孫仲謀」，大異其趣。

孫策臨終前，將不滿二十歲的弟弟孫權委託心腹張昭輔佐，而張昭也不負所望，讓東吳集團能在亂世中穩紮穩打，事業有成。

【孫權說故事】

孫權故事園位於江蘇南京的梅花山東麓上，為紀念孫權葬於梅花山而興建。園裡有尊高大的孫權石像，石像西南側，則是一座長約五十公尺的扇型碑廊，內鑲嵌十二塊與孫權相關的故事浮雕，雖大多為民間傳說，也由此可見孫權在江東地區的超人氣。

孫權故事園內的扇型碑廊，上頭陳列著各式孫權的故事。

2

1

3

1.漁翁傳授神仙湯：相傳孫權某次慶祝新修大船下水，擺酒設宴，席上有道清蒸南昌魚十分可口，孫權連叫三盤，最後還請老漁翁過來告訴他該魚的來歷。老漁翁不但仔細講述南昌魚特性，還說魚骨熬的湯能解酒。孫權當場請他示範，果然千杯不醉，於是很高興地說：「想不到我東吳有這樣好的神仙湯解酒！」

2.助戰慶功「腳盆鼓」：相傳孫權決計抗曹後，下令每戶出一男丁，自備長槍與戰鼓參戰。由於戰鼓缺乏，當地人便想到用木腳盆當鼓身，上頭蒙皮，充當戰鼓。於是在戰場上，士兵們各個攜帶「腳盆鼓」助戰，得勝返家時，便擊打腳盆鼓慶功。如今鄂南一代，還沿襲節慶時打腳盆鼓的習俗，一直到今天。

3.母女下棋點孫權：相傳赤壁戰後，孫權因戰勝而目中無人。某日他外出躲雨，暫宿一戶人家。那家僅母女二人，晚間就寢後，她們便在黑暗中下棋，棋藝高超。第二天孫權辭行時，提起下棋之事，母親便讓女兒與孫權對弈，孫權兩盤皆輸，於是向她們請益。後來，他再折返，不見屋舍，才曉得那對母女是仙人，前來指點他。

張飛瓜園訪孫權：相傳孫權公務之餘，曾向當地農夫學習種南瓜的方法。某日張飛去找他，王宮內外遍尋不著，大家都說他種瓜去了。張飛不信，騎馬跟隨一群準備馱運南瓜的農夫，來到一大片南瓜田，果然看到頭戴草帽，捲起褲管袖口的孫權，正在那裡摘瓜……據說孫權栽種的南瓜皮薄肉多，後來還成為當地的特產。

鳳凰白頭巧提親：相傳孫權某日打獵回城後，至井邊取水欲飲，一女子過來表示這樣對身體不好，並遞一碗藥茶給他。孫權覺得女子善良俊俏，不覺動情，第二天便派人前往提親。結果提親者帶回一幅半邊畫隻鳳凰的畫，孫權見此，親自登門造訪，當著女子的面在空白處畫了隻白頭翁，題「鳳求凰，共白頭」六字，終於抱得美人歸。

5

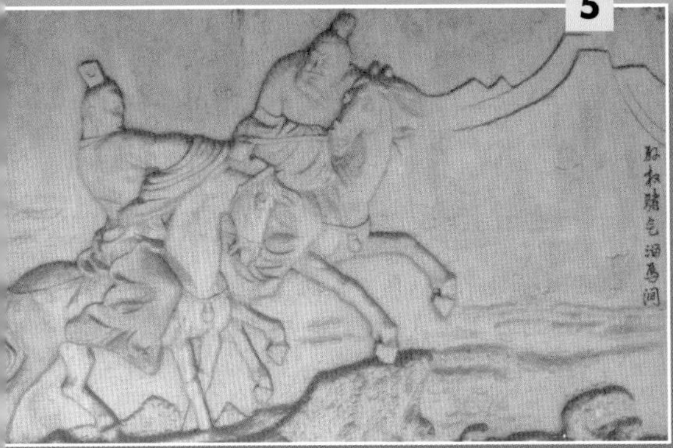

4

4.以劍試石鑄業成：相傳劉備到東吳招親後，對於自己整天吃喝玩樂感到很不安。某日他在宴會中途離席，四處閒晃解悶，信步來到一塊大石前，默禱說：「如能平安離開這裡，霸業有成，則劍下石開。」果然石頭被劈兩半。從後趕來的孫權見狀，也默禱說：「如能成就霸業，則劍下石開。」果然也將石頭劈開。

5.孫權賭氣溜馬澗：相傳劉備在甘露寺相親後，某日與孫權觀賞風景，見一葉小舟在波濤洶湧的江上平穩自如，不禁讚嘆：「南方人善駕舟，北方人善騎馬，此話一點也不假。」孫權聽了，以為劉備諷刺他不會騎馬，便賭氣要與劉備賽馬。結果兩人在陡峭的山上奔馳，孫權還險些摔下崖去，後來他們賽馬的地方便被稱為「溜馬澗」。

6.孫權引水懲劣紳：相傳孫權視察崇陽縣的旱災時，意外發現一黃姓地主不肯讓地修渠，引水灌溉其他農田，便將該地主找來痛斥一頓，要他立即讓地修渠，否則嚴加懲處。黃姓地主無奈答應後，孫權即策馬快跑，讓百姓和將士沿馬蹄印開挖渠道，引水灌溉，終於解除了旱災危機。當地百姓後來便在附近建吳主廟祭祀孫權。

6

13 打造東吳團隊

魏、吳、蜀三個政治集團創辦人，論起步，孫權的命最好，劉備最背。孫權繼承家族企業，至少可以少奮鬥三十年。我們用「哥哥爸爸真偉大」的玩笑語來比喻孫權的好命，多少抹煞了孫權後來的努力，也簡化了掌權之初外在環境的艱險。

孫策有些未竟的事業，必須也只有孫權能完成。

孫策得到地盤，基本盤有了，但不夠穩固，他缺的是「放下屠刀，立地成佛」的境地。這意思是說，孫策帶兵進入江東，以外來政權的姿態，使用高壓手段，多所屠戮。而孫策殺人，重質不重量。他對百姓很好，不會濫殺百姓，所殺之人，多是在社會有地位、有影響力、有指標作用的英豪。這些人不服孫策外侵，或抵抗，或輕蔑，或不從，因而遭到殺害。

孫策因此可能會遭報復。曹魏陣營謀士郭嘉便據以研判，孫策會死於刺殺。果然如其所料。孫策死前，心裡清楚，要在江東穩定發展，不能再靠武力征服，不能再繼續與江東世族為敵了。騎馬打仗已不是最頂要的事，爭取民心，吸納人才，才是最該做的，而這些正是孫權的強項。孫策死前，對孫權說：「舉江東之眾，決機

武漢龜山的周瑜像：文武雙全又足智多謀的周瑜，對東吳的奠基與發展，功不可沒。

江蘇鎮江的太史慈墓：太史慈為孫策舊部，後受孫權重視，委以統理南方的重任。

江蘇鎮江的魯肅墓：與周瑜友誼深厚的魯肅，經由周瑜引薦而為孫權所重用。

于兩陳（陣）之間，與天下爭衡，卿不如我；舉賢任能，各盡其心，以保江東，我不如卿。」這話堪稱為孫權的「產品定位」。他必須發揮他的強項，走出自己的路。

陳壽分析，孫權接班時的江東局勢，「深險之地猶未盡從；而天下英豪布在州郡；賓旅寄寓之士以安危去就為意，未有君臣之固。」

這幾樣麻煩事指的是：

一、**深險之地猶未盡從**：以山越為主的勢力，據守深險之地，抗拒不從，還沒平定。

二、**天下英豪布在州郡**：「英豪」指江東當地世代為官的世家大族，如吳郡的顧、陸、朱、張四氏；會稽郡的虞氏、賀氏。他們尚未臣服。

三、**賓旅寄寓之士以安危去就為意**：指長江北岸投奔而來、流寓江東的人士，他們有些不願接受孫策統治，早已離去，留著的未必對孫氏能在江東立足有信心，所以心存觀望。

可見孫權所接領的，並非完備的「公司」，也不是守成就好。孫權要做的是要收，不是放，不是攻城掠地，這方面孫策已經做不少了，而留給孫權的，是不服且已結怨的世族豪

武漢龜山魯肅衣冠塚旁的神道。

孫權慧眼識陸遜：懂得用人的孫權，大膽起用年輕的江東世族陸遜，鞏固了東吳的基業。

強，處理不好會讓資產變為負債。這方面，孫權成功了。

孫權對打造團隊陣容深具信心，孫策沒看走眼，除張昭、周瑜舊幹部到位，魯肅、呂蒙也以新人身分加入。孫權最成功的地方就是，把爸爸的舊幹部和哥哥的舊幹部（淮泗將領），以及自己的好朋友，都整合成一個作戰團隊。同時讓北方流亡而來的士人安心，願意留在江東打拚，也消弭了和江東世族的仇隙。這幾組政治勢力或派系，構成東吳集團的主力。

特別值得一提的是魯肅和呂蒙。《三國志》說孫權「納魯肅於凡品，拔呂蒙於行陣」。兩人冒出頭來，都是在孫權任內，一文一武。孫權識才，成為領導佳話。

「士別三日，刮目相看」的呂蒙，是繼魯肅之後孫權得力的左右手。

黃蓋為孫堅舊部，是東吳的三代元老，為孫家四處征討，立下許多汗馬功勞。

三股政治勢力與代表人物

政治勢力	代表人物
淮泗將領	程普、黃蓋、韓當（以上為孫堅舊部）。 周瑜、蔣欽、周泰、陳武（以上為孫策舊部）。
北方流亡士人	張昭、魯肅、諸葛瑾、步騭、張紘、嚴畯、是儀、呂岱。
江東世族	虞翻（虞氏）；魏騰（魏氏）；顧雍（顧氏）；陸遜（陸氏）。

劉備逐夢

14 劉備履歷表

姓名	劉備
字號	字玄德
出生	東漢延熹四年，西元一六一年
籍貫	幽州涿郡涿縣（今河北省涿縣）
卒年	章武三年（魏黃初四年，西元二二三年）四月二十四日
享年	六十三歲
歷任官職	安熹縣尉、下密縣丞、高唐縣尉、高唐縣令、平原縣令、平原國相、豫州刺史、徐州牧、鎮東將軍、豫州牧、左將軍、荊州牧、大司馬、司隸校尉、益州牧、漢中王、蜀漢開國皇帝
諡號	昭烈皇帝
家族	中山靖王（漢景帝子）劉勝之後，祖父劉雄、父劉弘
妻妾	・甘皇后（劉禪生母，諡皇思夫人、昭烈皇后） ・糜夫人（糜竺之妹） ・孫夫人（孫權之妹） ・穆皇后（吳氏，吳懿之妹，為漢中王后。劉禪即位尊為皇太后）

子女	・劉封（劉備養子。本姓寇，被劉備賜死） ・劉禪（劉備長子，小名阿斗。後繼位，史稱後主） ・劉永（劉備次子） ・劉理（劉備三子） ・另有二女，於長阪遭曹軍俘獲。
外形	・身高：172.5cm（七尺五寸） ・外貌特徵：(1)大耳朵（可以看到自己的耳朵）； (2)兩手垂下來過膝蓋（垂手下膝）； (3)沒有鬍鬚。
性格	阿莎力，好結交豪傑。 沉默寡言，寬厚。 喜怒不形於色，有領袖魅力。
形象	寬厚仁德。
學歷	十五歲念私塾，老師盧植，同學公孫瓚、劉德然。
少年時期檔案	・職業：賣草席、草鞋，自產自銷。 ・興趣：玩狗、騎馬、聽流行音樂、喜歡美美的衣服，不愛讀書。 ・小時候的志願：當皇帝（兒時戲言，想坐皇帝才能坐的禮車「羽葆蓋車」）。
傳世名言	——勿以惡小而為之，勿以善小而不為。 ——唯賢唯德，能服於人。 ——濟大事必以人為本。
歷史評價	◎陳壽《三國志》：弘毅寬厚，知人待士，蓋有高祖之風，英雄之器焉。 ◎程昱：有雄才而甚得眾心。 ◎陳登：雄姿傑出，有王霸之略。 ◎陸遜：劉備世之梟雄。

15 桃園三結義

漢末並不流行異姓兄弟拜把這一套，「桃園三結義」是小說、戲曲所杜撰的情節，但也是依史書記載而延伸出來的合理安排。《三國志》寫得很清楚，劉備和關羽、張飛「寢則同床，恩若兄弟」。

論地位，劉備是老大。大庭廣眾之下，關羽、張飛侍立一整天，毫無怨尤，三人上天下地，生死與共，只差結拜的儀式。

結拜之後，故事更好發揮，《三國演義》便以桃園三結義開展整套故事，關雲長過五關斬六將、劉備興兵報仇等情節，都安排得名正言順。不像在歷史裡，劉備和關羽的關係，難免遭到一些研究者懷疑。有此一論：關羽失荊州，劉備從頭到尾不出兵支援，是忌憚於關羽功高震主，尾大不掉，藉此存心做掉關羽。這樣講就很傷感情了。

在「桃園三結義」的故事裡，劉備年二十四，《演義》誤為二十八，平白老了四歲。至於關羽和劉備誰的年紀較大，不詳，只知三人之中，張飛最小（「〔關〕羽年長四歲，〔張〕飛兄事之」）。

劉備和張飛同鄉，都是涿縣人，關羽才是亡命而來的外來者。關羽在故鄉的經歷，以及流亡原因，史書都沒記載，後人的小說、戲曲和筆記，則依想像自行添加情節，用來凸顯他的忠義。

三人裡，被通俗文學扭曲最多的大概是張飛吧！連字都被改了。本來史書寫得明明白白，張飛，字益德，《三國志平話》誤為「翼德」。早期《三國演義》版本都用「益德」兩個字，毛綸、毛宗崗父子評改《三國演義》時又改回「翼德」，隨著毛本的流行，三百年來通行至今。

《三國志》未有一字一句寫到張飛的長相、出身背景，《三國志平話》說他是有錢人，生長在富豪之家，但《三國演義》把他安派為「賣酒屠

位於湖北宜昌猇亭古戰場區三友園裡的「桃園三結義」雕像。

▶「桃園三結義」的故事源自《三國演義》，描述劉備、關羽、張飛在花開正盛的張飛莊後桃園設案焚香，結為兄弟。

豬」的，雖然還是有錢人家，形象地位已趨向低層。至於長相，《三國演義》形容「豹頭環眼、燕頷虎鬚」，八個字，略嫌抽象，但讀者自行想像，加上「聲若巨雷，勢如奔馬」等描述，大體一個輪廓就出來了；張飛被寫活了、立體化了，更貼近大眾庶民，更討人喜歡。比起關羽，有人崇拜，有人討厭，呈現兩極化，張飛則給人率直可愛的印象，統一得多。

現在說張飛會書法會讀書，恐怕相信的人不多。事實上張飛能寫能畫，不是許多三國讀者以為的「冇衛生擱（兼）不識字」（台語）的莽夫。儘管已無真跡流傳，但古書多所記載。

陶宏景《古今刀劍錄》說，張飛命鐵匠鍊刀，銘文「新亭侯蜀大將也」等字，就出自張飛之手。明代《丹鉛總錄》記載：「涪陵有張飛〈刁斗銘〉，其文字甚工，飛所書也。」又，明代在四川省流江縣八濛山（一說在渠縣）山崖上發現〈張飛立馬銘〉（又叫〈八濛摩崖〉），上面寫著：「漢將軍飛，率精卒萬人，大破賊首張部於八濛，立馬勒銘。」依此記載，銘文是張飛在八濛山大破張部後所寫的。但壁裂字毀，找不到殘跡，現在僅存清代光緒年間的拓本，是光緒七年（西元一八八一年）岐山知縣胡升猷所拓。拓本目前收藏於陝西岐山縣博物館，碑石寬一百六十七公分，高三十八公分，不過有學者鑑定並非漢代碑刻，而是後人偽刻。

關於畫畫，明代卓爾昌編《畫髓元詮》記載，張飛「喜畫美人，善草書」。可惜也沒有作品流傳下來。

「三義街」牌樓：三義街是荊州古城的一條老街，為紀念劉關張「桃園三結義」而來。

雪弟恨先主興兵：正因「桃園三結義」，所以當關羽荊州兵敗被殺，劉備即親率大軍攻吳，誓言替義弟報仇。

「桃園三結義」後，被尊為大哥的劉備，身旁總有關羽、張飛侍立。

小說戲曲裡的張飛予人「莽夫」形象，但也有記載他擅畫美人、工草書，是個藝術家。

創業起步晚的劉備，據說就是在政府號召有志之士協助弭平黃巾之亂時，認識了關羽和張飛。

在民間信仰裡為「正義」化身，能驅邪除厄的關羽，與他相關的傳說故事，多不勝數。

16 劉表虛有其表

劉備投靠劉表後，在荊州待了八年，沒什麼發展機會。有一次，集會途中，他去上廁所，看見自己的大腿多出一堆贅肉，難過得流下淚來——這不是胖了需要減肥的淚水，而是功不成、名不就的淚水。

劉表見他臉上有淚痕，問他怎麼了。劉備答說：「我以前身不離馬鞍，大腿內側沒什麼肉，如今很少騎馬，大腿長出贅肉來了。日月飛馳，人將老去，卻未建立什麼功業，想起來就悲傷。」

這便是「髀肉復生」的典故由來。髀，就是大腿。髀肉復生，形容長久安逸，光陰虛度，沒什麼作為。對劉備這種梟雄來說，權力是最好的減肥藥。

劉備其實是哭給劉表看的。劉備投靠劉表，劉表以上賓禮儀接待，讓他駐守新野，把守荊州北方門戶，防備

位於湖北宜昌的三國馬戰場一景。在古代，馬匹是戰場上不可或缺的戰力之一。

東漢末年，荊州因屬戰略要地，而成為兵家必爭之地。圖為位於荊州古城的大北門。

荊州古城大北門城垛內側的大型藏兵洞。

曹操來犯。不過劉備人氣旺，歸附的荊州豪傑愈來愈多，劉表擔心劉備這尾強龍壓他這條地頭蛇，對他產生戒心，劉備＋劉表的二合一力量便抵消了。

劉表的缺點，敵手看得一清二楚。建安十二年（西元二〇七年），曹操打算北征烏桓，收拾逃過去的袁尚、袁熙兄弟，多數部將擔憂劉備說動劉表襲擊許都。郭嘉認為不必擔心，因為劉表不過是個「坐談客」，是坐而言不能起而行的領導者。

郭嘉的觀察沒錯。劉表只求自保，只會觀望，破壞力低，威脅指數不高，創業企圖心不夠，對荊州採取消極的守勢。總歸一句，他是個老好人，道德操守沒話講，但沒什麼雄才大略。幸虧這樣，他不輕啟戰端，愛民養士，讓荊州地區成為樂土，換來十多年的安定和平。

但好人在亂世競逐之中註定會被淘汰，要把江山拱手讓人，尤其所擁有的地段太好，是兵家必爭之地，例如荊州。因此儘管劉表外形不錯——身高超過一八〇，相貌堂堂，一表人才，但很快被看破手腳，大家知道他虛有其表。

果然，當曹操覬覦荊州，揮兵南下，人還沒到，劉表就病死了。兒子劉琮馬上投降，劉備嚇得拚命逃跑。

蔡夫人議獻荊州：《三國演義》記述說，荊州牧劉表過世後，次子劉琮繼任。由於曹操率大軍進逼荊州，劉琮不知如何是好，其母蔡氏便要他獻荊州，投降曹操。

玄德荊州依劉表：曹操在官渡之戰大敗袁紹後，原本投靠袁紹的劉備只得前往荊州投靠劉表，但劉表對他有戒心，不願委以重任。

▶朝宗樓：位在荊州古城區。登樓眺望，護城河美景盡收眼底。

【東漢生活誌】

荊州博物館始建於一九五八年，佔地遼闊，館藏品多為荊州地區的古墓或古文化遺址出土物，其中著名的包括馬山戰國絲織品、楚漢簡牘、楚漢漆木器等。而東漢時期的陪葬物，無論餐具、日用品、大型器物縮小模型等，皆製作精美，由此可想見當時的生活百態。

圖中陳列的，由左至右依序為毛筆、竹筆筒、銅削刀、石硯。

做工精細的木製茶几。

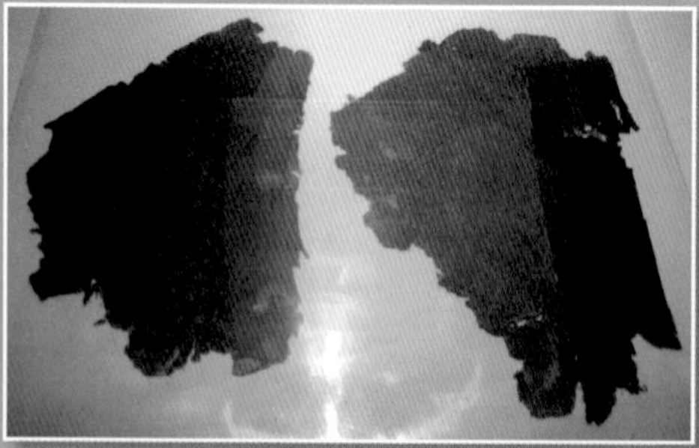

圖為殘存的方棋紋繡布匹。

考古挖掘出土的《路簽》、《高地書》木牘。

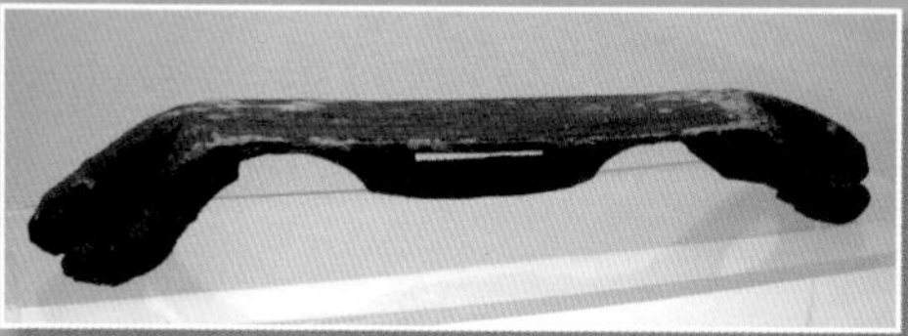

歷史悠久的木製虎頭枕。

造型逗趣的夜壺——銅虎子。

忠實呈現東漢糧倉的陶倉模型。

用來存放物品的陶罐。

造型古樸的陶甕。

雲紋圖樣工整的大漆盤。

至今仍保有光澤的漆杓。

吃飯用的漆圓盤和漆湯匙。

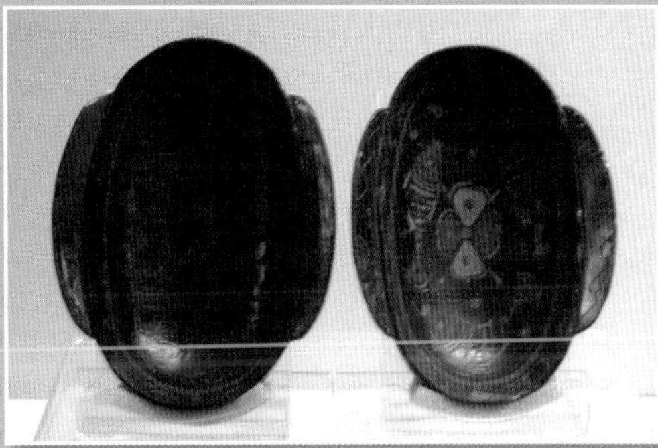

漢代飲酒用的漆耳杯，內側有美麗的紋飾。

按實際比例縮小的陶灶與陶鍋。

漢代常見的漆製酒具盒。

東漢時人所穿的麻夾襪。

陶製洗臉盆，亦為陪葬品之一。

陪葬的木製車伕俑。

陪葬的木製奴婢俑。

用絹布縫製的囊袋。

考古出土的雙層棺槨。

環扣腰帶用的銅製帶鉤。

造型典雅的長頸銅壺。

漢代民間煮飯用的銅鍪。

邊緣刻有文字的三足銅鼎。

附有單柄把手的銅壺。

精雕細琢的漢代銅鏡。

平壓軟席四角的銅製席鎮。

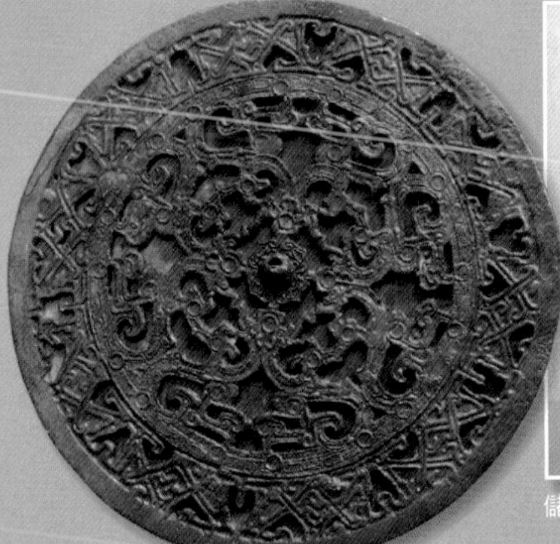

漢代銅鏡大多做工細緻、藝術價值高。

儲存錢幣的銅錢盒。

考古出土的漢五銖錢。

另一種樣式的漢代錢幣。

17 劉備vs.曹操——梟雄對梟雄

劉備顛沛流離的早年歲月裡，曹操對他是有恩的。劉備在徐州，不過一年，就被投靠過來的呂布，乞丐趕廟公，給趕走了。三十六歲的劉備連立足之地都沒了，只好到許縣投靠曹操。為此，曹操部將展開辯論，要接納或除掉劉備？雖然最後為了留點名聲給外人探聽而收容劉備，但曹操親自領兵擒伏呂布，奪回劉備妻小，事後上表劉備為左將軍，並且和劉備出則同車、坐則同席，一副他們倆才是結拜兄弟似的，給足了劉備面子。

然而劉備清楚，他不過是曹操禮賢下士的樣板。一山豈容二虎，留在曹營，早晚出事，能跑最好趕快跑，更何況到後來不跑也不行了，因為漢獻帝把密詔藏在衣帶，暗示車騎將軍董承謀刺曹操，劉備參與其中，擔心事發，在事情敗露前，以截擊袁術為

灞陵橋風景區內的青梅亭，為紀念「青梅煮酒」而設。

▶不得已投靠曹操的劉備，在與曹操「青梅煮酒論英雄」時，聽到曹操說「當今天下能稱得上英雄的，就只有你和我」，當場嚇得筷子都拿不穩，掉在地上。

名，率兵外出，這一去就不回來了。劉備進占徐州，殺掉曹操委派的徐州刺史車冑，據地為王，把曹操氣壞了。不久董承密謀敗露，策謀的幾個人，被滅三族，劉備成為曹操的仇人兼通緝犯，這下樑子結大了。

果然，曹操不放過劉備，在袁紹發起攻勢之前，進攻劉備，擄獲劉備妻小和大將關羽。劉備因此再度流亡，投靠到袁紹那邊。

由此可知，曹操、劉備有相當的恩怨情仇，比較起來，兩人和孫權的關係淡薄得多。而劉備日後稱王稱帝也視曹魏為敵國，劉備和曹操成為對照組。

三國讀者也不免拿劉備和曹操對比。其實就仁心奸性而言，兩人都是梟雄，都有權謀，城府深，要爭天下，但曹操對他人性命較為看淡，「別人的孩子死未了」，卻是不爭的事實，屠城、誅殺臣屬以及對付政變的手段，都比較殘忍。劉備則相對友善得多。當曹軍下荊州，劉備帶著十餘萬名民眾逃命，速度慢得像蝸牛一樣，一天只能走上十餘里，鐵定被拖累。部屬建議他拋棄群眾，自己逃命，劉備說：「成大事一定要以人為本，民眾歸附我，我怎忍拋棄？」這種「寧人負我，我不負人」的聖人形象，不管他是發諸本性或為了定位形象而為。

咦，怎麼說為了定位形象呢？這還經過設計嗎？是的，當龐統勸劉備奪取益州時，起初劉備百般不願，他說：「現在和我勢同水火的是曹操，凡事都和曹操相反，才能成功。曹操嚴厲，我就寬和；曹操殘暴，我就仁慈；曹操奸詐，我就忠厚。」

馬跑泉：相傳劉備被曹操圍困當陽時，關羽取道過此，焦渴難耐，赤兔馬以蹄刨地，石開泉湧，人馬得飲，繼續前往當陽救主。

許昌春秋樓風景區裡的印樓，裡頭存放關羽「漢壽亭侯」印複製品。

餞行亭：關羽在得知劉備下落後，向曹操辭行。曹操也依先前約定，讓他護送兩位夫人離去。後人為誌記曹操與關羽的誠信，遂建此亭。

好一句：「凡事都和曹操相反，才能成功。」可見和曹操相反的好的形象，多少也有策略運用的用意。

在三國正史裡，劉備給人的印象不差，到了《三國演義》，許多細節描寫，更強化了讀者對劉備仁厚的印象。《三國演義》第三十五回有一個情節，說徐庶起初投奔劉備時，一看到劉備的千里馬「的盧」，便說：這匹馬雖然是千里馬，卻會剋死主人，破解之道是把牠賜給怨家仇人，等對方被剋死後，再牽回來騎，就相安無事了。

劉備聽了生氣說，你剛來，不教我走正道，反而教我做利己害人的事，我不聽你的了。徐庶這時才說，方才只是測試，看看你是不是如傳說中那樣仁德。

又如三十六回寫曹操陣營把徐庶母親騙來，又騙得徐母筆跡，迫使徐庶離開劉備，投靠曹操。劉備的謀士擔心徐庶知道軍力虛實，到了曹營，成為禍患，建議不如強留徐

春秋樓：相傳關羽和劉備的兩位夫人被曹操擄獲後，軟禁在同一宅院裡。關羽為避嫌，將宅院一分為二，自己住前邊，通宵達旦讀春秋。後人為誌記他的忠義，遂建春秋樓。

位於河南許昌的甘糜二后宮。相傳這裡曾是曹操軟禁擄獲的劉備兩位夫人的處所。

庶，任曹操殺掉其母，如此一來，徐庶為了報仇，必然卯足力氣攻打曹操。劉備拒絕，說道，讓曹操殺了他媽媽，我利用她兒子賣命，不仁；強留他使他斷絕孝道，不義；不仁不義的事，我寧死不做。

看，人格之高，三國迷怎會不喜歡他？

劉備懂得包裝自己形象，而羅貫中又像造型師或行銷顧問，為他做「產品定位」，替他塑造更好的形象。例如劉備鞭打督郵，如此凶狠，但《三國演義》硬把這事編派給張飛，而且強化督郵的惡形惡狀，讓張飛打得合情合理，而劉備也從原本的打架者，變成勸架者。

「漢壽亭侯」印複製品：被曹操俘虜的關羽，因感於曹操的禮遇，幫忙解了白馬之圍。曹操於是上表朝廷，封關羽「漢壽亭侯」。

不過《三國演義》可能修飾過度，得到反效果。魯迅說得好：「（三國演義）至於寫人，亦頗有失，以致欲顯劉備之長厚而似偽；狀諸葛之多智而近妖；惟於關羽，特多好語，義勇之概，時時如見矣。」

其實這句「欲顯劉備之長厚而似偽」，並不代表劉備是偽君子（是「似」，不是「是」），而是指小說為了彰顯劉備忠厚的一面，寫過了頭，產生副作用，反而給人虛偽的感覺。基本上，劉備還是很「長厚」的。

「欲顯劉備之長厚而似偽」的案例，有好幾起。如「三讓徐州」，就讓過了頭，感覺「愛吃假細意」；又劉備摔阿斗，為表現他的仁心，寫他不捨愛將為自己兒子賣命，從趙雲手中接過阿斗後摔地而罵，看似感人，但從「劉備摔兒子——收買人心」這句歇後語可知，讀者未必吃這一套。這些都是適得其反的例子。

後人所重建的灞陵橋。橋旁立有一塊「關公挑袍處」石碑。

◀位於武漢龜山的曹操像，氣勢非凡。

被曹操所俘虜的劉備甘夫人、麋夫人。

【再見灞陵橋】

灞陵橋原名八里橋，位在許昌市城西的清泥河上，相傳為三國時期關羽挑袍辭別曹操處。後人為紀念這段歷史，便在此地立碑，興建各式樓閣、廟宇。雖然原來的三孔青石橋，如今已不復見，但拜《三國演義》所賜，這裡仍成為著名的三國旅遊景點。

相傳為關羽每日向甘、糜二夫人問安的地方。

在原址重新修築的灞陵橋。

灞陵橋西關帝廟內的拜殿。

橋畔所矗立的「關王辭曹操之圖」。

明末大將左良玉所書的「漢關帝挑袍處」石碑。

結義亭內擺放著所謂的「結義石」。

灞陵橋風景區裡的結義亭。

刻畫曹操拜送關羽情景的大型石雕。

在河畔遠望灞陵橋及其倒影。

石磚交錯疊鋪的橋面，古色古香。

岸邊蒼翠的楊柳，襯托出灞陵橋的宏偉氣勢。

位於灞陵橋景區內的春秋閣。

造型獨特的關羽騎馬石雕像。

根據已拆毀的灞陵橋所重建的仿古灞陵橋。

從景區的另一側仰望關羽騎馬像。

18 新野初識臥龍

少了諸葛亮，三國故事黯淡無光；沒有諸葛亮，三國歷史相對失色。在劉備三顧茅廬把他請出來之前，他是自耕農，但不是普通農夫，他念茲在茲的，不是農耕技術或農產品交易，他和許多知識份子一樣，讀書、寫作、關心國家大事、思索經世之道。他交往的，不是農夫，而是知識份子和社會名流；談笑有鴻儒，往來無白丁，他和官場人士、社會名流有來往。在荊州，他有他的社交圈。

諸葛亮的人脈有幾個淵源。首先是諸葛玄，把他撫養長大的叔叔，和荊州牧劉表為舊識，而諸葛亮的妻子黃氏更為他建立了密切的人際關係網絡。黃氏是沔南名士黃承彥的女兒，劉表是她姨父，蔡瑁是她舅舅（蔡瑁是劉表後妻的弟弟，是劉表親信）。俗話說，娶對老婆少奮鬥三十年，光是來自老婆，建立的人脈就不少了。難怪有些三國讀者懷疑，諸葛亮不嫌黃氏貌醜，也要迎娶，根本是政治婚姻。

除了妻子，姊姊也為諸葛亮拓展不少人脈。他的大姊姊嫁給襄陽大族蒯家的蒯祺（曾任房陵太守），小姊姊嫁給另一個襄陽大族龐家的龐山民（襄陽名士龐德公的兒子）。

隆中諸葛亮塑像：年輕的書生形象，是諸葛亮蟄伏時期的最佳寫照。

雖然諸葛亮和劉表沾親帶故，但他對劉表沒興趣（劉表對他也沒興趣），彼此不來電。從〈隆中對〉可知，諸葛亮對他評價不高，更不可能毛遂自薦，以免熱臉頰貼人家冷屁股。別說劉表不太重用人才，其實諸葛亮在當時並不被看重，史書說他每每自比於管仲、樂毅，而「時人莫之許也」——即別人並不同意，當他在臭

三國郵票—三顧茅廬。

劉備當年三訪諸葛亮，乘坐的大概就是類似這樣的交通工具吧！

位於湖北襄樊地區的古隆中，因諸葛亮而有名。圖為三顧堂。

屁。諸葛亮內在不受人欣賞，外形反而取勝。陳壽說他「少有逸群之才，英霸之氣，長八尺，容貌甚偉，時人異焉」。可見諸葛亮若不是帥哥，也是型男。

從「時人莫之許也」、「時人異焉」兩種評價來看，可知諸葛亮要想出頭，並非易事。他不是那種毛遂自薦的人，不會捧著履歷表，經過面談、試用，來證明自己很行；他也不想從「小咖」做起，像龐統那樣，自縣長起步，他寧可種田去。所以諸葛亮只能觀望，看有沒有人來找他，而他也在觀察，何處才是職場所歸。

於是當劉備在新野鬱鬱不得志，經徐庶、司馬徽推薦，三訪小他二十歲的諸葛亮，相談甚歡。諸葛亮提出企畫案和經營藍圖，兩人開始合作。「三顧茅廬」成為家喻戶曉的佳話。但由於史書所載時有缺漏、矛盾，佳話之外也留下一些閒話，諸如諸葛亮毛遂自薦求見劉備、劉備三顧茅廬其實三次都見到了諸葛亮……等等異說，引發三國迷或學者的爭論。

徐庶是諸葛亮的同學，也是將諸葛亮推薦給劉備，讓劉備去「三顧茅廬」的其中一人。

位於河南新野，相傳是劉備與諸葛亮議論軍事之處的議事臺。

▶出身沔南名門的諸葛亮之妻黃氏，在丈夫拓展人脈方面，助益不小。

19 大難不死話長阪

「大難不死，必有後福」這句話，如果用在劉備身上，指的應該是荊州逃難這個劫數吧！只要運氣再差一點點，劉備性命不保，遑論爭霸天下。

當曹操進兵，劉琮投降，劉備還在狀況外，渾然不覺。等他知道之後，大驚失色，勃然大怒。這時惱怒、怪罪都無濟於事。三十六計，走為上策。溜！

劉備兵分二路，向南撤離。他帶著諸葛亮、張飛、趙雲等人，走陸路；關羽率領數百艘船，走水路。兩路約定在江陵會合。

雖然逃命要緊，但劉備走得太慢了；不是他行動慢，而是被老弱婦孺拖慢。荊州鄉親父老兄弟姊妹們跟隨劉備逃難，滾雪球般，愈跟愈多，到當陽時，已有十幾萬人，加上幾千部輜重，人多車也多，一天只能走十幾里。

龜兔賽跑時，如果兔子不打瞌睡，烏龜一點機會也沒有。曹操速度，動如脫兔，他知道江陵有重要的軍事物資，不能讓劉備占領，於是率領五千名輕騎兵，快馬奔馳，一天一夜就跑了三百餘里，很快的，在當陽縣的長阪（今湖北當陽縣東北），追上劉備。

兵荒馬亂之中，劉備拋棄了妻子、兒女，和諸葛亮、張飛、趙雲等數十人，騎馬快閃。人馬輜重大都落在曹操手裡。

劉備沒命的逃，張飛則帶著二十名騎兵，負責斷後。他據守河岸，橫握長矛，怒目而視，對著曹軍大喊：「我就是張益德（張飛字益德），誰敢過來決一死戰？」

張飛威勢嚇人，曹軍上上下下竟然沒有人敢向前進。劉備在張飛掩護之下，逃過一劫。

古色古香的湖北當陽長阪坡公園大門。

位於長阪坡公園內的碑廊，左右兩側鑲嵌了歷代讚頌當陽戰役的作品。

長阪坡公園入口處矗立的「長阪雄風」碑石。

關於據水斷橋，《三國演義》描述，曹操退兵後，張飛派人拆斷橋樑，和劉備會合。劉備聽說張飛拆橋，唉嘆一聲。原因是，你不斷橋，曹操以為有埋伏，不敢妄動；而今拆橋，此地無銀三百兩，不正好露出馬腳，暴露出你的虛張聲勢？果然曹操察知張飛拆橋後，斷定「彼斷橋而去，乃心怯也」，於是派兵追擊。

不過，《三國志》對「據水斷橋」並無太多著墨，一般把斷橋解釋為拆斷橋樑。但有學者指出，或有其他意思，「斷」並非「拆斷」，「據水斷橋」是依水阻敵，據橋攔截。就如「斷後」一詞，並未拆斷什麼東西。至於後世部分戲劇和民間流傳，描繪張飛一吼，橋斷，河水倒流，又更誇張了。

三國郵票—單騎救主。

三國郵票—大鬧長阪橋。

劉備兩個女兒被活捉。妻子甘夫人和兒子劉禪（阿斗），幸運地得到趙雲拚死護衛，安然無事。趙雲和劉備一度衝散，直到劉備脫險，還找不到。有人報告說趙雲向北逃走了，劉備把手戟扔過去，罵道：「趙子龍不會丟下我，自己逃跑。」果然不久後，趙雲抱著一歲的阿斗，出現在劉備面前。

遺憾的是，劉備損失了一名謀士，也就是徐庶，諸葛亮的同學，劉備和諸葛亮合作的牽線者。在這次衝擊中，徐庶的母親被曹軍捉走了。徐庶擔心母親，只好向劉備請辭，指著自己的心說：「我本來憑著這個方寸之地（心），想和您共創大業，但現在失去老母，方寸大亂，不能留下來

▼忠義勇猛的趙雲在長阪坡一度與劉備一行失散，但劉備自始至終都對他堅信不移。

幫什麼忙了。就此告別。」

從這描述也可知道，《三國演義》把徐庶因母親被騙去當人質而離開劉備陣營的時間點提前了，於是才有臨別前推薦諸葛亮的情節。依小說所述，兩人一前一後，未曾當過同事，事實上，他們同學兼同事了一小段時間。

在長阪，張飛賣命演出，劉備死裡逃生。劉備另一個契機也在長阪發生。魯肅在此找到劉備，傳達了孫權要和他共同抵抗曹操的意願。劉備不再孤立作戰，定心不少。接下來要做的是，強化且落實和孫權陣營合作抗敵的計畫。

太子橋：相傳當陽之戰時，麋夫人曾懷抱劉禪，避難於此橋下。

娘娘井：相傳麋夫人將劉禪託付給趙雲後，便轉身跳進此井自盡。

【長阪坡傳奇】

當陽長阪坡，為三國時期劉備一行與曹操大軍相遇的地方。張飛據水斷橋、趙雲保護阿斗的英勇事蹟，至今仍讓人津津樂道。如今這裡已闢建為公園，園內除重現長阪之役的幾個重要場景外，另有紀念趙雲的子龍閣，以及仿明萬曆年間所立的「長阪雄風」碑。

位於長阪坡公園內的子龍閣。

子龍閣裡的趙雲塑像。

在橋邊騎馬據守的張飛英姿。

張飛「據水斷橋」想像圖。

劉備在趙雲等人面前，將阿斗摔在地上。

隱身公園角落和民宅間的「太子橋」。

長阪坡公園大門。一進門即是子龍閣。

與曹軍奮戰的趙雲英姿。

在坡上觀戰的曹操與部屬。

置身碑廊中，彷彿走進時光隧道。

長阪坡公園闢建的弧形碑廊。

20 劉家的生力軍

與劉備「桃園三結義」的關羽、張飛，是「劉家軍」的最早班底，也是劉備最信賴的左右手。

為什麼說「時代創造英雄，英雄創造時代」？在高度競爭的態勢下，局勢變動大，表現機會多，人才有了充分的表演空間，而每一個表現都改變了時局，循環相生。三國就是人才輪流演出的時代。

劉備集團創業之初，人才不多，隨著每階段生涯發展，或延攬人才，或招降納叛，或跳槽投靠，各個管道聚合而來的人才愈來愈多。

最早的，是眾所周知的關羽、張飛，以及簡雍等人。其中關、張，跟著久了，和劉備拜把般的兄弟情感，無人可取代，因此在《三國演義》五虎將排名，關、張列於榜首。

《三國演義》七十三回，劉備取漢中，稱漢中王。論功行賞，封關羽、張飛、趙雲、馬超、黃忠為五虎大將，「五虎將」一詞便深印在三國讀者腦海中。但正史裡並無五虎將之說，劉備漢中稱王之後，關羽、張飛、馬超、黃忠都升了官，分別為前、右、左、後將軍，唯有趙雲，保持原位，仍然是翊軍將軍。

平平是將軍，前、後、左、右將軍，是常設將軍，地位較高；征東、征西、鎮東、鎮西將軍次之；翊軍將軍屬於雜號將軍，地位又更低了。

在三國書迷心目中，常山趙子龍名聲響亮，但終其一生地位和聲名不夠搭，讓人為他叫屈。《三國演義》強

最早與劉備一同打天下的關羽，影響劉備最劇，後世評價也很兩極。

《三國演義》裡的劉備「五虎將」當中，趙雲的魅力和超人氣，歷久不衰。

化趙雲智勇雙全的形象，變成五虎將的人氣王。雖然彌補了一些缺憾，但反過頭來檢視史書，看趙雲的官位、角色，更讓趙雲的粉絲不平。

其實在正史裡，趙雲很少獨當一面、領軍出征，因而沒有顯赫戰功，看似不受重視。但陳壽編寫《三國志》，把關張馬黃趙合為一傳，趙雲排第五，《三國演義》據此，把這五名猛將譽為五虎將，趙雲的排名提升到第三。然而趙雲是劉備的親信，是非常信賴的部將，不容置疑。受排擠、遭冷凍、不獲信賴的，反而是蜀漢武將之中地位最高的馬超。

歷史上的馬超，是個悲劇英雄，一生悲涼，來到劉備陣營不得志，而兩件事互為因果。他曾和韓遂等人起兵反叛曹操，進逼潼關，失敗，進京擔任衛尉的爸爸馬騰及家屬受此連累，全部被殺。後來他依靠羌人，攻佔涼州諸郡，不久被擊敗，妻子兒女遇害，他和從弟馬岱、部將龐德等少數人逃到漢中，投奔張魯。後來又背叛張魯，投奔劉備。當時劉備正在用兵益州，馬超在漢中的家屬又受牽累，遇難……。短短幾年之內，全家兩百多人都因為他的反覆而成為刀下祭品。

或許反叛紀錄讓劉備心存戒心，或許非劉備嫡系之故，馬超從歸順劉備到過世，凡八年，不曾擔任一方大將，統兵出征，最多統領偏師，意思意思，顯然得不到劉備信任。想建立功名，想報仇雪恨，統統沒份，言行還得謹慎，免得被懷疑有叛意。對一名猛將而言，情何以堪？

《三國演義》美化馬超，讓他以「錦馬超」形象出現，又安排他在潼關殺得曹操割鬚棄袍，又酣鬥許褚、夜戰張飛，彌補了歷史現實的缺憾，一如趙雲。

其實說起劉備陣營人才，武將部分還好，稍欠不足的恐怕還是謀士這一塊。在赤壁之戰前，劉備的智囊僅有諸葛亮，他還是前一年才聘任的菜鳥。在此之前，雖有徐庶勉強可端上檯面，但合作沒多久，徐庶就因母親被俘，轉奔曹營。其餘如簡雍、孫

位於赤壁遺址區金鸞山腰的鳳雛庵，相傳與諸葛亮並稱「龍鳳」的「鳳雛」龐統曾在此隱居。

姜維原是曹魏將領，諸葛亮出兵祁山時投降蜀漢。雖無緣於劉備在世時效力，但深受諸葛亮器重，是後主時期重要的將領之一。

關羽之子關興，有乃父之風，深受諸葛亮器重。《三國演義》描述他曾隨劉備伐吳，欲報殺父之仇。

魏延是劉備十分看重的將領之一，不僅跟隨劉備入蜀，屢建戰功，還被任命為漢中太守，護衛要地。

荊州古城裡的劉備一行人塑像，由左而右依序是張飛、劉備、關羽、諸葛亮、趙雲。

乾、糜竺，雖是劉備早期班底，各有所長，但缺少企畫長才，以及全方位的戰略思想。

諸葛亮之後，劉備時期的智囊團，還有和諸葛亮並稱龍鳳的龐統，以及馬良、伊籍，加上原屬劉璋陣營的法正、黃權、劉巴等人。其中龐統、法正最為特出。此兩人創意夠，點子多，擁有保守謹慎的諸葛亮所沒有的特質，但他們英年早逝，法正活了四十五歲，龐統更短，只有三十六。

其餘如李嚴、劉琰、魏延、楊儀、劉封、孟達、彭羕、許靖、糜芳、董和、馬謖等人，都是劉備集團不可或缺的角色，各自發揮所長，輔佐劉備在益州撐起一邊天。

21 世紀合作，拍板定案

孫、劉合作對抗曹操，建立在利害關係之上，非關道義。但如何認定且堅定這份關係，是一大學問。若非孫權伸出援手，劉備就玩完了。然而孫權不一定非得合作不可，事實上孫權內部主張投降的聲浪很大，他們認為對抗曹操，無異於以卵擊石。

從劉備這邊來說，不能讓孫權有見死不救的空間，更不能逼使孫權聯合曹操。事實上曹操內部普遍認為，孫權會為了利益，出賣劉備。唯有程昱反對，他認為，人在危難之際，所有的不和、矛盾都會擺在一旁，化敵為友，因此孫權會借助劉備的力量來對抗曹操。程昱猜對了。

劉備真該奉魯肅為貴人，他始終大力促成孫劉合作案。早在劉表病逝，他就到荊州觀察，尋求和劉備合作的機會。曹操南下，魯肅在變亂中找到劉備，並和諸葛亮對談。後來諸葛亮毛遂自薦，請求到東吳尋求奧援。

《三國演義》寫諸葛亮在江東舌戰群儒，歷史無此記載。但他說服孫權的過程相當精彩。

諸葛亮先用援引法，引用前例說，曹操力克袁術、呂布、袁紹等群雄，平定北方，接著南下破荊州，劉備不敵，匆匆逃難，希望和孫權合作抗曹。這是在提醒，不是劉備差，而是曹操太強了，袁術、呂布、袁紹等強棒，不都成為曹操爭霸的祭品？

接著諸葛亮以二分法恐嚇孫權：「如果能抵抗曹操，就該和曹操翻臉；如果抵抗不了，就該投降。猶豫不決，必有災難。」

孫權心虛，卻以為逮到諸葛亮話裡的把柄，反唇相譏：「那麼你們劉豫州（劉備）為什麼不投降呢？」

這一問正中諸葛亮下懷。諸葛亮以激將法侃侃而談：「田橫（秦末齊人，曾自立為齊王，對抗項羽、劉邦。劉邦勝出後，田橫率五百人逃到海島，拒絕被劉邦收編，最後島上五百人集體自盡）只是齊國壯士，卻寧死不屈，何況劉豫州是皇族後裔，英才蓋世，眾人仰慕，如果失敗，那是天意，怎麼可以向曹操低頭呢？」

這意思是說，孫權如果投降，不但比不上劉備，連田橫都不如，丟臉啊！此時孫權不表態抗曹也說不過去了。但他質疑，劉備殘破的戰力，還有一加一大於一的效果嗎？

諸葛亮一方面證明劉備的品牌價值，一方面必須貶低曹操的殺傷

狠石：又名「羊石」，相傳孫權曾坐在上頭，和劉備共商抗曹大計。

立於北固山的劉備與孫權雕像。兩人共同舉劍，頗有「同心協力」之意。

魯肅不但是促成孫劉結盟的「媒人」，更是拯救劉備於危難的貴人。

力（和一開始強調曹操的可怕恰好相反）。

諸葛亮說：「我們雖然慘敗，但戰士陸續歸隊，加上關羽的水軍，合計一萬人。劉琦在江夏郡的戰士也有一萬人。」而曹操軍隊雖然人多，但不用怕，理由是：

1.曹軍遠來，追擊劉備，疲於奔命，已如強弩之末。

2.曹軍來自北方，不會打水仗。

3.荊州歸附曹操，是形勢所逼，不是真心。

最後，諸葛亮畫了一個大餅給孫權：孫劉聯軍，曹操必敗，三分天下成形。

儘管說辭動人，但可能不夠強化孫權的抗戰決心。利益引誘之外，還得加上行銷學所謂的恐怖訴求。這部分要靠魯肅了。

魯肅在一場眾人主張投降的會議中，一言不發。上廁所時，孫權私下問魯肅，是不是有什麼話？這時魯肅不客氣的說：「大夥主張投降，只會斷送您的前程。像我魯肅這樣的人可以投降，而您卻不可以。為什麼呢？我迎接曹操，曹操會安排我回鄉做官，但您迎接曹操，能在哪裡安身呢？」

孫權聽了，更加決定和曹操硬拚，並把大將周瑜召回來。周瑜也認為，曹操有些弱點，不如大家想像的那麼強：

1.曹操後方不安定，馬超、韓遂駐兵在函谷關以西，讓曹操覺得芒刺在背。

2.曹操捨長就短，捨棄北方人擅長的騎馬打仗，改用不擅長的船艦水戰，與生長於水鄉的江東將士較量，不利。

3.時值寒冬，曹操戰馬缺乏草料。

4.曹軍遠道跋涉，來到多水江南，水土不服，一定生病。

5.曹軍長期征戰，早已疲累。

6.曹操號稱領兵八十萬，實際上不過十五、六萬，而且新接收的劉表軍隊，最多七、八萬，對曹操仍心懷疑懼。

周瑜的結論是：「曹操以身心疲憊的士卒，駕馭心懷猜疑的部眾，兵多將廣，卻不足畏。給我精兵五萬，就可以擊敗曹操。」

孫權、劉備懷著破敵決心，和制勝信心，這是曹操完全沒想到的，更讓曹操跌破眼鏡的是，孫劉聯手，竟為戰爭史添加一則以寡擊眾的個案。

位於南京的孫權故事園內所刻畫的「孫權斬案誓抗曹」故事。

◀相傳劉備和孫權雖然結盟抗曹，但心裡仍彼此不服，隨時找機會一爭高下。北固山區的「溜馬澗」，便是他們賽馬逞強的地方。

依山鄰河的陡峭「溜馬澗」，為劉備和孫權結盟後的互動，增添幾分傳奇色彩。

位於北固山麓的試劍石，相傳為劉備和孫權各自暗禱「若劍起石裂，則天下為己所得」後，以劍劈石的結果。

肆 赤壁之戰

22 以寡擊眾靠火攻

到人家家裡踢館，人多勢眾，氣勢很嚇人，但往往也是最危險的。因為對方擁有主場優勢，不但以逸待勞，而且習慣了場地地形、風土氣候，對地區性疾病的免疫力也比較好。

反過來說，遠征軍千里迢迢而來，最怕碰上惡劣氣候、補給不足，以及水土不服，加上人生地不熟，變數太多。

曹軍南下，氣吞如虎，劉備狼狽不在話下，孫權陣營也嚇得面無血色。不過江東和北方，風土人情相差太多，曹操要打的，是不太熟練的水上作戰，而非擅長的步騎兵作戰，戰法系統切換不順，給了東吳致勝之機。

更要命的，是曹軍病了，染上疫病。北方人鮮少搭船，個個暈船；生了病又暈船，滋味難受，雙腳軟弱無力，怎麼打仗？於是曹操讓船艦首尾相接，至少穩固點，免得士兵為風浪顛簸所苦。這些都是曹軍遠征不利的地方。

話說回來，讓曹軍癱瘓的是什麼樣的病？

什麼病，史無明載。經過後人比對研判，可能是急性血吸蟲病、瘧疾、斑疹傷寒。不管什麼病，都讓曹軍戰力大損。如果曹軍部隊人數夠多，就像官方宣稱的八十萬人，扣掉病號，打個對折，有四十萬；再打個對折，

後人修築、位於赤壁山的棧道，引發遊客思古之幽情。

這尊諸葛亮雕像，頗有「仙風道骨」韻味，感覺真能呼風喚雨。

還有二十萬。二十萬人，也夠嚇人的了。問題是，原來號稱的八十萬是灌水的，不過虛張聲勢，騙得了外行人，騙不了內行人。

誰是內行人？周瑜便是。周瑜破解曹操虛報人數的神話，又直指曹操捨短就長的缺點，光憑這些分析，他在這場戰役的角色就鋒芒萬丈了。

雙方交戰之初，曹營就被疫病打敗，以致兩軍在長江南岸的赤壁遭遇時，曹軍敗北，只好退到長江北岸的烏林，與周瑜隔江對峙。

因為風浪太大，士兵暈船，曹操下令把所有的船艦首尾相接，靠攏在一起。是用鐵環或繩索連接，史書沒講，或許只是相靠。以鐵環相扣，使船板寬平如陸地，出自《三國演義》的想像。

船隻相連，給了吳軍可乘之機。周瑜部將黃蓋想出火攻策略。黃蓋向周瑜報告：「敵眾我寡，持久作戰對我們不利，最好速戰速決。曹操的船排列密集，可用火攻。」

火攻是好主意，乃常見的兵法。

位於安徽亳州的三國攬勝宮內所呈現的「赤壁之戰」景象。

三國郵票—赤壁鏖兵。

◀三江口周瑜縱火：周瑜在赤壁之戰時使用「火攻」，燒得曹軍措手不及，狼狽敗逃。

《孫子兵法》用一整章在講火攻之計。但隔著一條江，怎麼用火？

還是黃蓋。他想到，火攻之前，先詐降。

黃蓋偷偷派人送信給曹操，說他不看好吳軍會贏。偏偏周瑜、魯肅冥頑不靈，妄想抵抗，他要投降，不要陪葬。

黃蓋投降，曹操或許多少有點懷疑。但可能認為，就算詐降，等黃蓋到了再說，諒他也做不了什麼怪。

曹操所沒料到的，不是詐降，而是讓他們猝不及防的火攻。

約定投降的日子當天，黃蓋率領蒙衝（又稱艨艟）戰艦十艘，裝滿乾柴枯草，澆上油，罩著篷布，插上軍旗。另外準備一批快艇（走舸），繫在蒙衝後面，浩浩蕩蕩，向曹操水陸部隊所在的烏林前進。

曹軍太過大意了，沒有船隻在江心巡邏，也未派船接應。將士在岸上看熱鬧，看黃蓋船隊開來。

當時東南風起，黃蓋大船到達江心，升帆，離曹軍岸邊兩里多，放開大船，點燃柴草。黃蓋和部屬跳上大船後面的小船逃生。東南風助長了火勢，火上加油兼順風，一燒不可收拾。大船著火後，直奔向前，燒毀曹軍的戰船，大火也蔓延到岸上營寨，燃燒起來，煙霧、火光彌漫。

周瑜率領的孫劉聯軍隨後殺到。曹軍人馬被燒死、淹死，在混亂中被踏死、擠死的，不計其數。

曹操不想物資落在敵人手裡，便燒了其餘的船，率領敗兵殘將，從華容縣城（今湖北監利縣西北）的華容道，步行逃亡。

位於湖北武漢龜山峰脊的赤壁大戰全景畫館，因內藏超大幅精美的「赤壁之戰」油畫而著名。

古代大型戰船所使用的錨。

23 瀟灑一哥周瑜

「既生瑜，何生亮！」周瑜臨終一嘆，雖然是《三國演義》虛構的情節，但周瑜若知道「瑜亮情結」已經成為成語，並且為自己帶來心胸狹隘的形象，大概也會慨嘆「既生瑜，何生亮」，上天為何讓諸葛亮出世，害小說家為了凸顯諸葛亮而讓他背黑鍋不得翻身！

但其實周瑜並未被寫得太笨（被寫笨了的是魯肅）。火攻，在《三國演義》以及它的前身《三國志平話》裡，周瑜都想到了，只不過諸葛亮想得更遠。周瑜跟諸葛亮鬥智，始終是「你抓得住我，我抓不住你」，略遜一籌。

《三國志平話》寫赤壁決戰前，周瑜要部將把想到的破敵對策寫在掌心，每個人都寫了「火」字，頗有英雄所見的樣子。偏偏諸葛亮和大家不一樣，他不寫「火」，卻寫了個「風」字。為什麼寫「風」？諸葛亮說，曹營在西北，我方在東南，火攻須有東南風的幫忙，否則風勢不順，怎麼火攻？諸葛亮說，有天地以來，有本事借風的只有三個人，軒轅黃帝、舜帝和他自己。他願助一場大風。

《三國演義》雖然安排周瑜、孔明都以「火」為掌中字，但諸葛亮事事洞燭機先，周瑜顯得差勁多了，於是「見笑轉生氣」，多次要置孔明於死地。從這裡可知，我們今日習用「瑜亮情結」來比喻兩人能力相當、彼此較勁的狀態，是不對的，瑜亮情結是一個（瑜）嫉妒另一個（亮）的心結，不是旗鼓相當、良性競爭的關係。

其實周瑜瀟灑得很，沒那麼趖蛋。

三國時期的鬥艦模型：鬥艦為孫權水軍的主力艦，在赤壁之戰時堪稱「神風特攻隊」。

◀允文允武、智勇雙全的東吳首席大將周瑜，是赤壁之戰的最佳男主角。

相傳此「赤壁」二字為周瑜大破曹軍後，揮劍所刻。但據考證，乃唐朝人所書。

蘇東坡描繪周瑜在赤壁之戰的表現：「遙想公瑾當年，小喬初嫁了，雄姿英發。羽扇綸巾，談笑間，強虜（檣櫓）灰飛煙滅。」公瑾是周瑜的字，「羽扇綸巾」講的就是周瑜（常被誤為孔明）。三國人物真要論瀟灑，正史的周瑜絕不輸給《三國演義》的趙子龍，尤其憑「曲有誤，周郎顧」這句當時流傳的俗諺，就知道他不是一介武夫的那種武將。周瑜身材高大，英俊瀟灑，懂音樂，即使喝到醉茫茫，還是聽得出pitch不準、走音，不自覺的會回頭朝演奏者看一眼。

和《三國演義》描述的恰好相反，周瑜是很有氣度的人。比他資深的將領程普，老鳥瞧不起菜鳥，多次向他嗆聲，周瑜沒生氣。後來程普發現自己錯了，對別人說，和周瑜交往，「好像喝醇酒，不知不覺令人陶醉（如飲醇醪，不飲自醉）。」

又，蔣幹奉曹操之命來說降周瑜，回去覆命，說周瑜氣量寬宏，不是那麼容易說動。劉備也說周瑜「器量廣大」。收集各方評價可知，周瑜

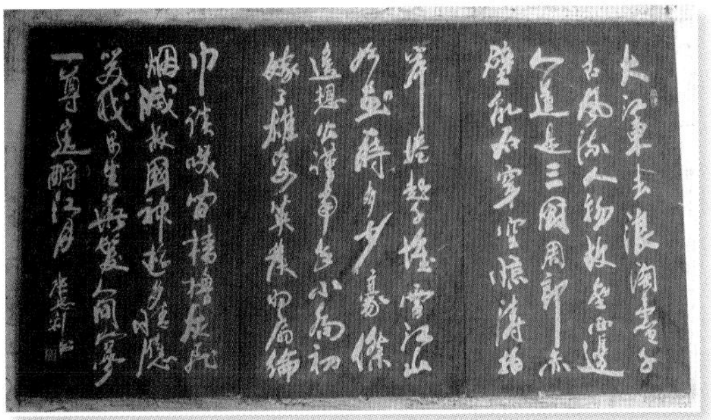

蘇軾的〈念奴嬌〉，生動地刻畫了周瑜在赤壁戰場上的英姿神韻。

▶位於赤壁山臨江磯頭的翼江亭，相傳即是當年周瑜指揮作戰的地方。

是帥氣、大器的人。只可惜被小說、戲曲這麼一寫，形象遭到扭曲。「曲有誤，周郎顧」的瀟灑風流不見了；「談笑間，強虜灰飛煙滅」的萬丈光芒不見了；「性度恢廓」、得人心的領袖氣質不見了；「如飲醇醪，不飲自醉」的迷人形象不見了。

周瑜帥，但不是粉嫩小生，他是一代名將，是態度積極的主戰派。赤壁之戰時，孫權部眾多數害怕，主張投降，他和魯肅強硬主戰。赤壁戰後，在和劉備合作這件事情上頭，他和力倡孫劉合作的魯肅想法不同。他才不管什麼結盟，最好獨立作戰，氣吞山河。他建議孫權，趁劉備到東吳來時，用美人計，把劉備軟禁起來，給他住豪宅，玩寶物，讓他陷在溫柔鄉、美人窩，像日後劉禪樂不思蜀那樣，讓劉備樂不思荊（荊州），瓦解劉備軍團的戰鬥力。幸虧孫權沒有採納，不然三國故事就改寫了。

後來周瑜又建議，進攻劉璋的益州，再奪取張魯的漢中，並且結合涼州的馬超，再進軍襄陽，進逼曹操。這個霸業藍圖太美麗了，孫權點頭同意。就在周瑜回江陵準備途中，不料壯志未酬，病死了，才三十六歲（西元一七五～二一〇）。孫權聞訊，穿白色服悼祭，痛哭失聲，後事比照國喪處理。

孫家真得感謝周瑜。當初孫堅起兵討伐董卓，搬家到周瑜居住的舒縣（屬廬江郡，縣治在今安徽廬江縣西南）。周瑜和與他同年的孫策一見如故，不但把一間大宅讓孫策一家人住，還進入孫家內堂拜見孫策的母親，哥倆好，親如兄弟。史書說他們「互通有無」，意思是你的就是我的，我的就是你的，比「恩若兄弟」的劉關張猶有過之。兩人後來並肩作戰打天下，同娶二喬姊妹，英雄美人，傳為佳話。

孫策死後，孫權接班，舊部信心不足，落跑的很多。周瑜不但力挺，還遊說了魯肅投靠。孫權權力基礎不穩，部屬禮節不周，而周瑜對孫權卻執臣屬禮儀。周瑜的氣度、器識是一級的。

24 華容道上生死一線間

赤壁—烏林之戰敗北，事後曹操有沒有後悔或檢討自己用兵上的失誤，不得而知。他哀嘆，如果郭嘉不要那麼早死，當時還在身邊獻策，他也不會淪落到這個地步。

然而之前賈詡也曾建議曹操，好好經營荊州，不要急於一次解決孫、劉。只是曹操志得意滿，趕業績似地，直接挑戰孫權，才有日後之敗。

話說回來，兵敗後，曹操逃亡，走華容，到江陵。華容小道，長二十里，通往華容縣，是烏林（在長江北岸）往江陵的捷徑。華容縣在今湖北省監利縣北六十里。監利縣是今日魚米之鄉，華容道已不可見，現在是鋪上瀝青的現代化公路，不再泥濘難走。

曹操兵敗，抄小路，走捷徑，走華容道。偏偏華容道泥濘不通，非常難走。劉備、周瑜追兵在後，情勢危急。

最要命的不是遇到泥巴路，不好走——那頂多鞋子弄髒而已——而是道路不通。有句話說：「屋漏偏逢連夜雨。」但在華容道，最慘的不是連夜雨——反正路已經濕爛了——而是連日風。史書寫：「遇泥濘，道不通，天又大風。」真的是寸步難行。

曹操下令老弱殘兵去蒐集草料，把草鋪在泥濘路上，讓人馬通過。草料每鋪好一段，曹軍便急速通過。好多老弱殘兵閃避不及，被踐踏而死。

曹軍一路逃跑，死了大半。曹操逃到江陵，留下曹仁、徐晃鎮守江陵，樂進鎮守襄陽，自己回到許縣。

華容道變得很有名，主要是《三國演義》第五十回「雲長義釋曹操」的段子寫得太精彩了。

在歷史裡，曹操走華容，並未遭到任何伏擊，也就沒有關羽埋伏阻擋曹

曹操在赤壁之戰開打前橫槊賦詩、意氣風發的模樣，在華容道上蕩然無存。

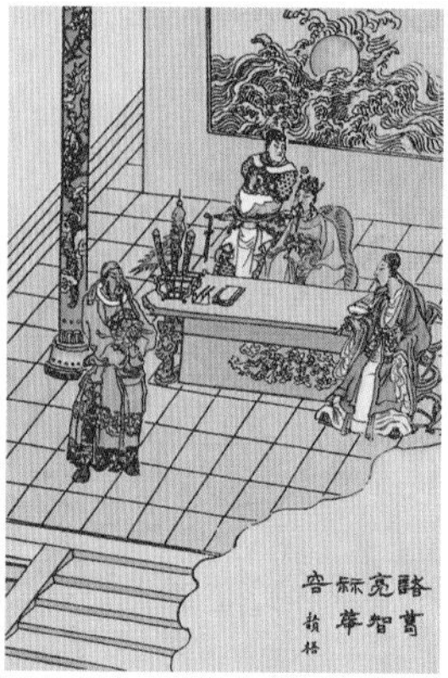

《三國演義》記述曹操敗走華容道後，諸葛亮排除關羽，派兵前往追擊。關羽追問原因，諸葛亮道出之前曹操和關羽的良性互動，認為關羽會放走曹操。

《三國演義》記述關羽在華容道截擊曹操時，曹操低聲下氣、動之以情，讓關羽不忍加害，放他們離去。

民間將關羽視為「重情重義」的代表，即使他在小說戲曲裡縱虎歸山，放走曹操，依舊被後人崇敬。

操一事，更無關羽義釋曹操等事情。

雖然劉備的確追來了，卻不知道曹兵在哪裡。他看見草木茂密，無從追起，乾脆放一把火，能把曹操燒死最好，燒不死至少燜死。

不過曹操早跑了。

不是劉備不知道縱火，而是劉備追兵太晚來了，或說沒料到曹操抄小徑，走華容。

▶三國時期的戰車複製品。當時的將領會乘坐戰車，親臨現場指揮、觀戰。

▼三國時期的戰車複製品。最前面由雙馬駕駛的稱「軺傳」，為一種兩輪戰車。

曹操走華容，驚險但不精彩。論精彩，要數《三國演義》。

在小說中，曹操於華容道遇到關羽伏兵，走投無路，看似必死無疑。危急中經程昱提醒，曹操動之以情，以哀兵之姿問關羽：「五關斬將之時，還能記否？」接著又提示關羽，「大丈夫以信義為重。」這句話表明了，論位階，信義應該在忠心之上。

《三國演義》寫道：「雲長是個義重如山之人，想起當日曹操許多恩義，與後來五關斬將之事，如何不動心？又見曹軍惶惶皆欲垂淚，越發心中不忍。」於是放了曹操一馬。

這樣描寫，從小說創作角度來看，是高明的。拙著《臥虎藏龍三國智》有一段分析，大致點出其中奧妙：

弔詭的是，依演義書迷的制式反應，曹操無惡不作，劉備仁民愛物，關羽放走曹操，縱虎歸山，留下無窮後患，罪不可逭，即使不狠批痛罵，至少也該有所責備，但似乎沒有。關羽彷彿不沾鍋一樣，讀者不僅不怪他，反而為他的義氣所感動。

不扣分反而加分，為什麼？只因為羅貫中的文筆太好，烘托出關雲長義薄雲天的形象，把關羽的兩難表現得淋漓盡致。我們發現，原來看起來冷硬耿介的關羽，也有衝突的一面，也有矛盾的時候。關羽的信義美譽，蓋過不忠的罪名，人，從形象學的分數來看，失之公忠，收之義氣。關羽變得可愛得多。

位於宜昌虎牙山絕壁上的古棧道，綿延1500公尺，可想當年行軍的艱辛。

古兵棧遺址：戰時為士兵的屯駐之所，休戰時則成為士兵的驛站。

25 赤壁之戰的眞眞假假

烽火臺是中國古代重要的戰略性建築，多設置在險要處，以便隨時傳遞軍情。

赤壁之戰，是三國故事的精華，羅貫中充分發揮想像力和敘述力，讓作品高潮迭起，趣味橫生。但讀者也為閱讀的樂趣付出虛實不分的代價。《三國演義》那些膾炙人口的情節，頗多虛構，例如圍繞著諸葛亮的片段，包括孔明借箭、借東風、智激周瑜、舌戰群儒，以及周瑜打黃蓋、蔣幹盜書、瑜亮情結、龐統巧授連環計，乃至後續的三氣周瑜、關羽華容道釋曹，都是無中生有的藝術創作，和史實相去甚遠。

甚至連《三國演義》虛構的「借東風」一詞，都有問題。

問題在於，孫吳軍在赤壁，曹操在赤壁西北的烏林一帶，兩軍夾江，南北對峙，要火攻，要燒曹操的船，就得吹東南風。《三國志・周瑜傳》注引《江表傳》：「時東南風急。」就是指這件事。

依山傍水的古棧道，車馬通行不易，行軍打仗時也得小心翼翼。

到了《三國演義》，因為孔明那句「萬事俱備，只欠東風」，「借東風」變成口頭禪，東風來東風去，大家用慣了，錯以為赤壁之戰吹的是東風。

學者陳寅恪說，東南風，若要省略一個字，也是「東」，而非「南」。就是說，若要火勢順風，最好是東南風，不然也要南風。若真吹東風，吹得再猛，也無助於火攻。

那麼唐代詩人杜牧詩：「東風不與周郎便，銅雀春深鎖二喬。」這東風二字，難道受《三國演義》影響？不可能，那時候還沒有《三國演義》。依學者陳寅恪說法，「古人吟詩作賦，涉及方位，往往為了文字聲律字句，省略一字。」杜牧詩就是這樣。所以，借東南風，最好；借南風，也好；借東風，不好，只怕白借了。

借東風的情節是為凸顯諸葛亮的聰明。為了諸葛亮，《三國演義》不惜貶抑周瑜，還殃及其他人，就連火攻之計，在小說裡，也成為集體創作。《三國演義》把火攻的創意發想歸功於諸葛亮、周瑜，黃蓋雖然想到了，可惜慢半拍，僅能稱「不謀而合」，和瑜亮所見略同。其實火攻是黃蓋想出來的專利。

不過，黃蓋在《三國演義》裡，雖然首功被搶走，但有苦勞；他挨了周瑜棍棒。苦肉計的故事太精彩，於是「周瑜打黃蓋，一個願打，一個願挨」，成為我們耳熟能詳的歇後語。

史實裡黃蓋幸運多了，沒被體罰，單憑詐降就取得曹營信任，而後才有火攻破敵的戰功。

這場戰爭，若依交戰地點，應該稱為「烏林之戰」，而非「赤壁之戰」。因為主戰場是在烏林，不是赤壁。在長江南岸的赤壁打的是熱身賽，只是周瑜和曹軍陸路部隊小規模的交鋒，火燒的是長江北岸的烏林。但赤壁之名讓人想當然耳，以為赤壁是被火燒紅的。實際上，赤壁山的土質本來就是紅色的，和火燒無關。因此「火燒赤壁」一詞不合常理。曹操駐兵在長江北岸，孫劉聯軍在南岸赤壁，如果火燒赤壁，豈不燒到自己？

幾年前，有學者做驚人語，說所謂赤壁之戰，只是遭遇戰，是曹操五千騎兵，拿下江陵後馬不停蹄追擊劉備，在赤壁和孫劉聯軍不期而遇。也就是說曹操兵敗損失的也不過這五千兵力，戰爭規模奇小無比。此說引發一陣討論，但因矛盾太多，不值一駁。

赤壁之戰的真相，因小說戲劇的渲染而真假莫辨，復因史書記載殘闕不全甚至前後矛盾，更不易拼出全貌。因此像赤壁戰場的位置，至今爭論不休，不只是地理問題，也牽涉到史料的判讀。

蔣幹其實是位能言善道的聰明之士，也沒有在赤壁之戰因糊塗而誤事。

龐統在蔣幹的引薦下前往曹營傳授連環計的故事，也是羅貫中杜撰出來的小說情節。

《三國演義》虛構出曹操謀士蔣幹奉命前往勸降周瑜，卻被周瑜設計，取得假情報返回曹營的故事。

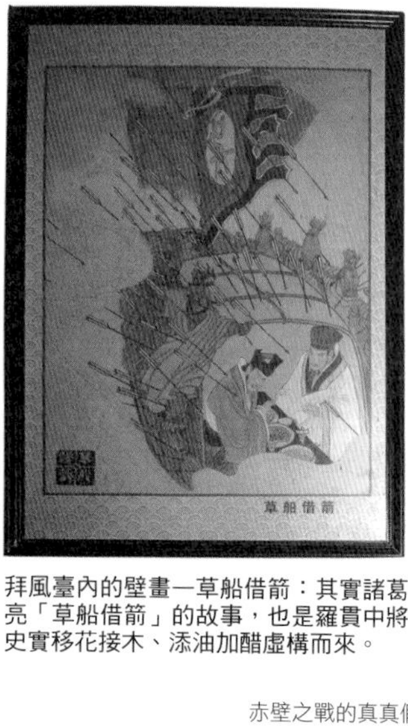

拜風臺內的壁畫一草船借箭：其實諸葛亮「草船借箭」的故事，也是羅貫中將史實移花接木、添油加醋虛構而來。

赤壁遺址南屏山上的拜風臺，是後人為紀念赤壁之戰時諸葛亮借東風所建。然而「借東風」卻是《三國演義》虛構出來的。

▶武漢龜山上的「三國碑廊」所鑲嵌的《三國演義》卷頭詞。

五

三分天下

魏
洛陽
長安
許
漢中
建業
襄陽
蜀
江陵
成都
吳

26 賠了夫人又折兵

「賠了夫人又折兵」是《三國演義》很有名的段子，說的是赤壁戰後，周瑜繼續耍小人，要害劉備。他建議孫權把小妹嫁給老劉備，藉機把劉備騙來，囚禁，逼他交出荊州。不料弄巧成拙，被諸葛亮的錦囊妙計破局，不但荊州沒得到，孫權的妹妹反而真的被娶走。周瑜率軍追趕，為諸葛亮事先安排的伏兵所敗，諸葛亮命軍士大喊：「周郎妙計安天下，賠了夫人又折兵。」氣得周瑜箭瘡迸裂，昏倒在地。這是「二氣周瑜」的情節。如今「賠了夫人又折兵」已是常見的成語，用來比喻不但沒有占到便宜，反而吃了大虧。

這段故事精彩絕倫，戲劇張力十足，可惜，「賠了夫人又折兵」和「瑜亮情結」等詞語一樣，雖然後人朗朗上口，但《三國演義》所描繪周瑜和孔明鬥智的情節，都是虛構，也

「吳國太佛寺看新郎」，是《三國演義》著名的喬段，甘露寺也因此名噪一時。

甘露長廊：位於甘露寺內。相傳周瑜曾命人在此埋伏，伺機襲擊劉備。

違背史實，純粹是出自文學的想像。

孫權嫁妹，倒是真有其事，也算政治婚姻，但不是為了要陷害劉備。只因為赤壁之戰後，劉備吞食荊州四郡，又接收劉琦（劉表的兒子）的兵力，實力大增，讓孫權備感威脅。為拉攏劉備，鞏固關係，於是安排自家妹妹當劉備的續弦夫人。

在荊州得到好處的當然不只劉備。事實上，赤壁之戰以後，三分均勢還沒成形，卻已表現在對荊州的控制權上。荊州原本是劉表的地盤，曹操南下，劉表病死，繼位的劉琮敗家，不打就先舉州投降。曹操兵敗後，北還，留曹仁守住江陵這個軍事重鎮，吳國大將周瑜奮戰一年多，趕走曹仁，占領江陵，而劉備早已趁混亂之中奪占荊南四郡。

三家分食獵物的結果，曹操控制一個半郡：南陽郡與包括襄陽城在內的半個南郡。

孫權得到包括江陵城在內的另外半個南郡，以及江夏郡。

劉備能搶的，只有南部四個郡：長

沙、桂陽、武陵、零陵。

帳面數字看起來劉備拿了四郡，面積也最大，似乎是最大贏家，但這四郡，鳥不生蛋，大而無當。他覬覦的是孫權的南郡，尤其南郡的江陵縣。

孫權察覺到劉備的威脅，決定嫁妹結親，鞏固關係。動機還算單純，沒有小說那麼多高來高去的謀略。而劉備也不見得賺到，問題不在老夫配少妻，而是老夫配到的是悍妻。孫妹妹才思敏捷，性格剛猛，一百多個丫環，帶刀佩劍，陪侍在側，劉備每次進房間，頭皮發麻，哪來閨房之樂？

劉備最在乎的還是政治實力。他不滿足荊南四郡，他還想要。他要的是南郡。南郡戰略價值高，不但控制長江，更可北攻中原，西進益州。

先前孫權曾上表推薦劉備為荊州牧。劉備就對孫權表示，當荊州牧總得有個像樣的官府。荊州的治所襄陽，就在南郡，但它落在曹操手上，沒辦法，退而求其次，南郡的治所江陵倒不錯。

江陵太守周瑜不太同意，反過來建議孫權，趁劉備到東吳拜會時，把他留下來，供應豪宅、美女、珍寶，軟化他，物化他，讓他醉臥溫柔鄉，英雄變狗熊。但是孫權覺得不妥，未採納。周瑜死後，魯肅接棒，大力建議孫權「多操（曹操）之敵」，讓曹操的敵人多一點。最佳人選就是劉備。魯肅主張把好不容易得手的戰略據點江陵讓給劉備，讓劉備分攤抵抗曹操的大任。

所謂「借荊州」指的就這件事，但其實主要是借江陵。曹操在北方聽到江陵借給劉備時，正在寫字，不禁筆落地上。可想見心裡的震驚和不安。

遺憾的是，這段同盟關係因為利益衝突，一度破局。孫權後來奪回荊州，劉備勢力徹底退出。

《三國演義》將劉孫聯姻演繹為周瑜精心安排的計謀。圖為周瑜和孫權議定「假結婚，真囚人」的想像場景。

《三國演義》說，孫權的妹妹巾幗不讓鬚眉，隨侍婢女個個配劍，洞房內也刀槍林立。

劉備和孫氏這對老少配洞房花燭夜的假象場景。

相婿樓又稱梳妝樓、多景樓，在甘露寺後
。相傳為孫權之母吳國太會見劉備之處。

【甘露寺尋古】

位於江蘇鎮江北固山上的甘露寺，始建於東吳末帝（孫皓）甘露年間，彼時劉備、孫權早已作古。雖然「吳國太甘露寺會女婿劉備」明顯與史實不符，但拜《三國演義》之賜，這裡仍是眾多三國迷的朝聖處，更衍生出許多與「劉孫聯姻」相關的景點和傳說。

莊嚴。

從寺外遠眺座落蔥鬱山林間的甘露寺。

古色古香的佛堂外，庭園幽靜。

眺望，遙想三國傳奇。

相傳吳國太和劉備相見歡的相婿樓，始建於唐代，乃後人穿鑿附會而衍生。

環繞寺院的磚石路綿延無垠，據說全盛時期共有兩百多間僧房。

歷經唐代、清代的增修，更見宏偉。

高聳清冷的外牆，亦發

沿著長廊拾級而上，依山而建的甘露寺更顯壯闊。

甘露寺內蜿蜒的長廊，也因《三國演義》而出名。

傳說孫氏祭夫、殉夫的祭江亭，始建於明末崇禎年間，是穿鑿附會衍生的歷史遺跡。

27 成也荊州、敗也荊州

都說關羽大意失荊州，其實「大意」兩個字像是為關羽開脫。失去荊州，有一半的原因是自己剛愎自負的性格所致，另一半原因不得不說是，他碰到智謀遠超過他的對手，也就是「士別三日，刮目相看」（士別三日，即更刮目相待）這個成語典故的主角呂蒙。

關羽兵敗，不是因為武力不好。他出兵襄陽、樊城，嚇得曹操一度考慮遷都，避其鋒芒，這部分，呂蒙是贏不過他的。呂蒙贏在EQ和IQ。他懂得針對關羽的弱點出擊，奪占荊州。

關羽的弱點，在於驕傲氣盛。這種性格形成「兩輕」：輕視敵人、輕視部將。

針對這個弱點，呂蒙設計一齣戲，和陸遜合演。呂蒙裝病養病，陸遜裝笨裝可愛。

呂蒙裝病，從防線退出，陸遜接替。陸遜那時年輕無名，接任之後猛拍關羽馬屁，人如其名般謙遜，製造出兩國友好的假相。關羽一樂，先鬆心防，再鬆後防，把後方的軍隊撤調去增援前線，把心力和兵力擺在前線，一心對付曹魏。

不料，當他攻打襄樊時，孫權和曹操竟搭上了線。孫、劉陣營本該合作，這下相反，變成曹、孫合擊劉

荊州古城的小東門又稱「公安門」，緣於劉備每回由駐紮的公安來荊州，皆從小東門碼頭登岸入城。圖為公安門城牆。

公安門內的甕城，是極具巧思的防禦性軍事建築。

◀東門又名「迎賓門」，搭配斗大的「荊州城」三字，更顯古色古香。

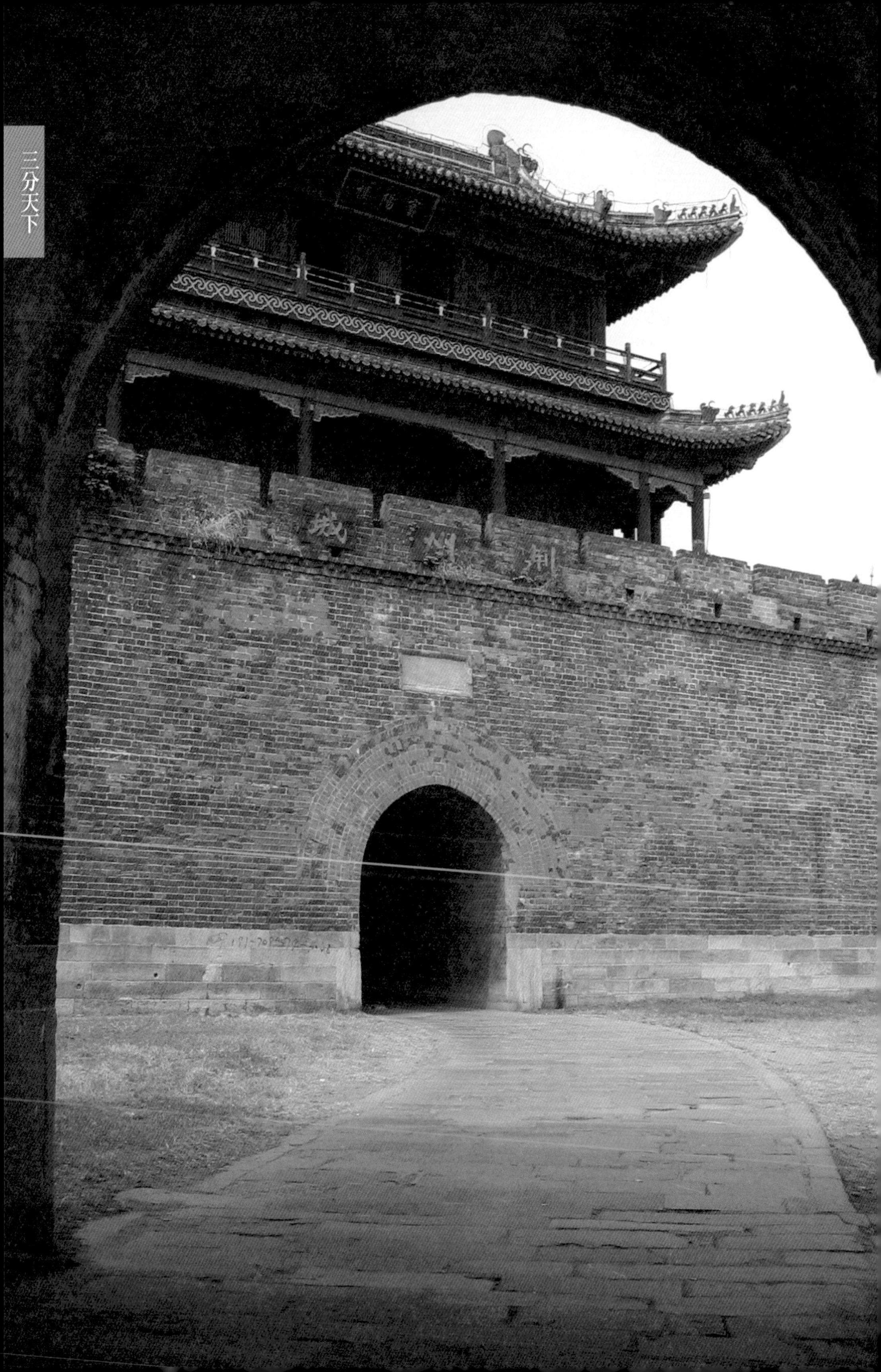

洗馬池：相傳關羽北攻襄樊大勝而歸時，曾在此洗赤兔馬。

備。而呂蒙則沿著長江，偷偷摸摸，覬覦關羽把守的南郡。

為騙過關羽沿江一帶設置的哨兵，呂蒙讓士兵埋伏在商船中，找來百姓搖櫓，掩人耳目，並且趁哨兵不注意，展開偷襲，一一收拾。結果，關羽和後方守將對呂蒙的行動渾然不覺。

關羽的另一個性格缺點，是喜歡罵部將。罵人是習慣，不自覺，就像張飛，對同級軍官不錯，但對待部屬，脾氣火爆，鞭撻完還繼續留在身邊；反正痛是別人在痛，自己感覺不到。關羽留在後方的守將當中，公安的士仁、江陵的麋芳，平日就常被關羽羞辱，此次關羽北征，士仁、麋芳因糧草供應不濟，關羽揚言回師後算總帳，他們惶惶不安。呂蒙進入荊州，兵臨城下，向他們招降，士仁、麋芳怕關羽日後興師問罪，索性投降。

呂蒙進占江陵後，展開溫情攻勢，把關羽及將領的家屬照顧得無微不至。關羽多次派人和呂蒙聯絡，呂蒙安排使者參觀，讓他親眼看到關羽和戰士家屬過著好日子，並讓家屬寫信給前方的戰士，託使者代轉。關羽的部屬在前線接到家書，得知守城淪陷，然而家人平安，甚至過得比以往更好，從此軍心渙散，鬥志全消。

可見呂蒙之勝，勝在解除對手的心理武裝。他先以年輕的無名小卒陸遜代替自己為大將，解除關羽的第一層心理武裝；繼而讓陸遜大灌關羽迷

位於荊州古城區的新東門，宏偉壯闊。

湯，解除關羽的第二層心理武裝；呂蒙又善待關羽的親人、部屬，解除關羽將士的心理武裝。這是「政略」擊敗「軍略」，「三分軍事、七分政治」的典型戰例。

關羽氣勢愈來愈弱，前路不通，後路被切，知道孤掌難鳴，退守麥城。孫權派人誘降。關羽假裝投降，把幡旗做成人像立在城牆上，自己逃走了。可惜這障眼法逃不過孫權法眼。關羽帶著十餘名騎兵企圖脫險，卻走投無路。一代名將被擒捉斬殺。這一年，是建安二十四年（西元二一九年）。

荊州失守，打亂了諸葛亮的戰略藍圖，劉備勢力退出荊州，只能坐守益州，「隆中對」所設想的鉗形攻擊也不可能實現了。後來劉備出兵，和孫權的大將陸遜打了夷陵之戰，大敗，更是狼狽不堪。

有人說，起初孫權派人來和關羽結親家，讓兒子娶關家女兒，關羽拒絕，罵說虎女哪能嫁犬子，惹怒了孫權，所以孫權發兵攻打，荊州才淪

得勝橋：相傳關羽襄樊之戰大獲全勝後，經由此地返回荊州城。

陷，一切都是關羽害的。這樣講對關羽又太不公平了。

奪荊州，是魯肅病歿、呂蒙接替之後孫吳的方針。呂蒙一反魯肅結合劉備、交好關羽的政策，他認定關羽有野心，又處於上游的有利位置，你不打他，他會打你，和平態勢維持不久，不如早日除去。呂蒙認為，吳國將領分守要害，同樣可以牽制曹操，不需關羽。

簡單地說，就是：一、關羽有侵略性；二、關羽沒有利用價值。

結論是，一個具攻擊力又沒有一定利用價值的敵將盤據著一塊重要且本來為我所有的地盤，不幹掉他，還有第二種選擇嗎？

孫權認同呂蒙。所以後來孫、劉翻臉，聯盟破局。把主因歸咎於關羽拒絕孫權求親，這是忽略了客觀環境與情勢發展。

劉備委以重任的關羽，在失守荊州的同時，也改變了自己與蜀漢的命運。

【來逛荊州城】

荊州古城最早可溯自西漢景帝年間，當時為夯築土城。現今所見者，為清順治年間依明代舊基興築而成。城牆全長十點五公里，高八點八公尺，共有城門六座、砲臺二十六個，是「中國南方古城的唯一完璧」，素有「鐵打荊州」之稱。

城樓坡道上凸起的磚石，即是文字磚。

▶位於城樓馬道上的磚石，部分帶有文字，稱「文字磚」，上頭記載操辦城磚業務的官府、官員和燒製時間。

安門的內外兩道城門曲折相對，人稱
歪門斜道」，極具戰略巧思。

東門主城門。四周曲城環繞圍圈出來的區域，則為甕城。

北門又名遠安門。圖為小北門城牆。

北門的藏兵洞，高約二層樓。

從外遠眺整個東門，可見甕城範圍之遼闊，想要攻破，著實不易。

州古城外護城河畔的蟠龍柱。

歷經歲月侵蝕的古城馬面上，滿佈綠色植物。

側面望去宏偉高聳的大北門。

東門城樓賓陽樓，始建於明代，清咸豐年間再重建。

城牆上道路寬廣，方便騎馬、行軍。

荊州護城河約三十公尺寬，四公尺深，與古運河相連。

28 關老爺的成神之路

在歷史裡，關羽是名武將，勇猛忠義。這樣的將才，三國有很多，但只有關羽成為武聖，和文聖孔子平起平坐。

武將成神的個案也不只一端，但是像關羽，成神之後，歷久不衰，甚至成為帝君，香火鼎盛，信徒遍布，卻是古今少有。

玉泉山是《三國演義》裡記載關羽最早顯靈的地方。

有華人的地方就有關帝廟。或許有人會說，是《三國演義》美化了關羽，為他塑造了忠義形象，助長了關帝文化的盛行。這話只對了一半。

《三國演義》的確把關羽寫得活靈活現。看小說家筆下的關羽外形：「身長九尺，髯長二尺；面如重棗，唇如塗脂；丹鳳眼，臥蠶眉；相貌堂堂，威風凜凜。」許多人見到關羽，驚為天人，《三國演義》二十七回寫：「胡班潛至廳前，見關公左手綽髯，於燈下几看書。班見了，失聲嘆曰：『真天人也！』」這一聲驚嘆，這一句「真天人也！」直道出關羽外形之好。而當他耍青龍偃月刀，身騎赤兔馬，出生入死，威武形象深入民心。用瀟灑來形容似乎不適合，那比較適用在趙雲身上，關羽給人的感覺是敬重、敬畏。《三國演義》英雄豪傑那麼多，獨獨關羽被作者尊稱為

玉泉山上的玉泉寺，相傳是關羽顯靈，助建而成。

公，關公長，關公短，即使被視為男主角的諸葛亮，也沒有「諸葛公」的稱謂。

如今，我們對關羽的印象主要來自小說、戲曲，而非歷史。兩者形象頗有差距，但大眾讀者並不在意，更不用說信徒了。小說、戲曲對於關羽的神化之路，多少有推波助瀾之功，但不是主要形成原因。在《三國演義》成書前，關羽就已成仙了。

關羽神話經過近兩千多年來的變化遭遞，地位不斷升高，但大抵是從民間紅起來的，反映了民間的社會集體情緒。宗教界如佛教、道教，為了傳教，都會添加一些神祇，於是佛教拉關羽進來當護法神，道教讓關羽當神將。

為攀關係，宗教免不了虛構神蹟，這一來關羽的面貌更多樣，也更複雜了。例如佛教和關羽的關係。最早在唐德宗年間，當陽縣玉泉寺後面的關公廟重修完成，碑文記載，南朝陳廢帝光大年間，佛教天台宗智顗師來到當地，關羽現身在禪師面前，表示願

玉泉山裡的珍珠泉，據說是關羽顯聖時，青龍偃月刀在地上一頓而成。

意捐捨這塊地蓋僧寺，之後鬼斧神工，驅使鬼神幫忙興建。一時風雷震動，劈山填谷，不數日，寺廟便完工了，這就是當陽縣玉泉寺。

南宋晚期，佛教引進關羽神話。南宋度宗咸淳五年（西元一二六九年），天台宗僧人志磐撰《佛祖統紀》，重編玉泉寺建寺神話，說關羽壯志未酬殉難後，成為當陽縣覆船山（玉泉山）的山神。某日他聽說智顗大師要到這裡建道場，便率群妖前往威脅；智顗大師不為所動。後來關羽以七天時間，展現法力，化山川為平地，建造宏偉的佛教道場。智顗為他說法，授以五戒，關羽從此洗心易念，守護地方。

這些傳說，都悖離史實，且不管哪個宗教系統，關羽在裡頭的位階都太低，只是「小咖」，遠比不上在民間信仰裡的地位。

但關公在民間稱神也不是一步登天。盛唐時關羽已被奉為神祇，有廟宇，卻還是區域性的神靈。北宋時，在長江中下游沿岸，甘寧是第一顯神，祠宇很多，信徒頗眾，關公神像屈身在甘寧廟廡下，可見地位不高。直到

關陵神道碑上刻「忠義神武靈佑仁勇威顯關聖大帝漢前將軍漢壽亭侯墓道」等字樣，為清道光年間官府所製。

紅面長鬚、手捧春秋，是民間關公的一貫造型。

宋元之際香火漸盛，至明清成為帝君，攀上顛峰。

從人物而神靈而帝君，關老爺的成神之路，浮浮沉沉。起先崛起於民間，後來加上政治的力量。當宗教結合政治，神靈得到朝廷、官府加持，就會水漲船高，更加偉大。明神宗封他為「三界伏魔大帝神威遠鎮天尊」，洋洋灑灑十二個字。明清之際，關公已被稱呼為「關聖帝君」，簡稱關帝、關聖、帝君、聖帝等，可見地位之尊崇。

關帝火紅，也有人看衰。清代學者顧炎武就認為，江山代有神明出，一代新神換舊神，很快地，關帝熱就會過去，一如許許多多從前頗負盛名的神靈，而今安在哉？然而關公以他的個人魅力證明，顧炎武的看法是錯誤的，會新陳代謝的，是凡神俗廟，關帝廟屹立不搖，香火之盛，與天地同為不朽。

明萬曆年間，在玉泉山上矗立的「漢雲長顯聖處」。

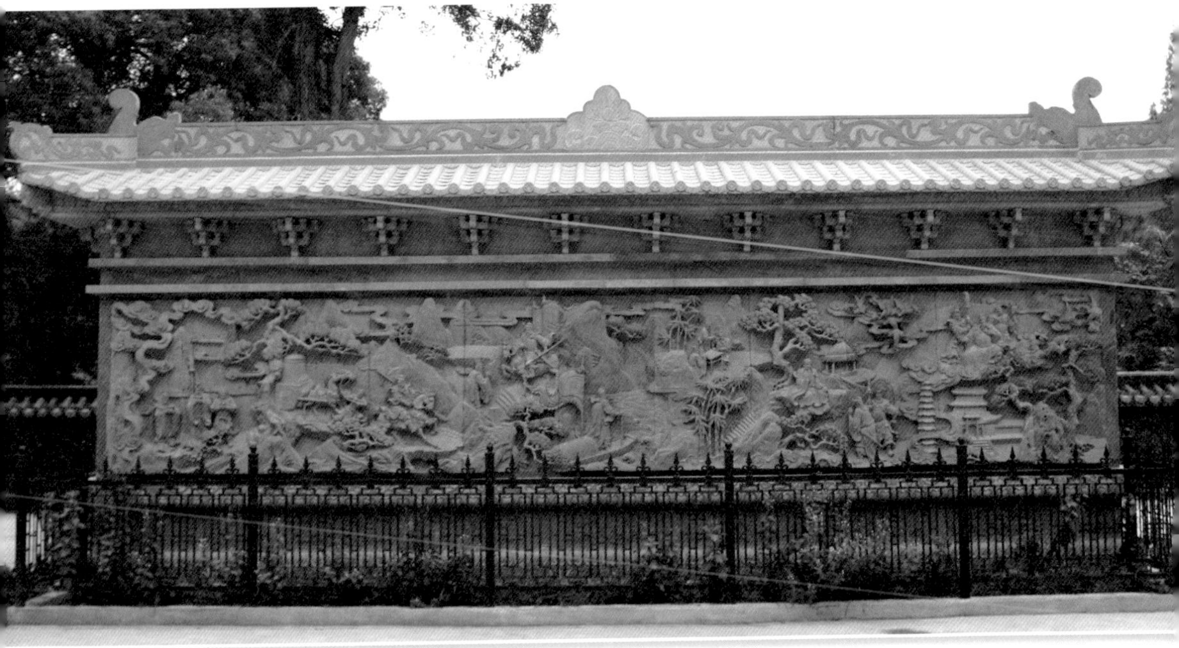
湖北當陽的關廟影壁上，描繪著關羽顯聖的故事。

【窺看關老爺】

關羽，一位亂世猛將，活著的時候，最高爵位是漢壽亭侯。往生後，位階越來越高，傳奇故事也越來越多，甚至由「人」升格為「神」，變成驅邪除厄、治病救災、招財進寶、考試及第、庇護商賈的「萬能天神」，供奉其英靈的關帝廟，也多不勝數。

「赤兔馬」是羅貫中替關羽坐騎取的名字。

存放關羽青龍偃月刀的刀樓。

當陽的關陵，有清同治皇帝親筆書寫的「威振華夏」匾額。

大關帝廟內述說建廟始末的古老石碑。

將劉、關、張同刻在一塊大石頭上的結義石。

羽進攻襄樊時受毒箭之傷，名
前往荊州為他刮骨療傷。

當陽關羽墓
前矗立著明
萬曆年間製
作的碑石。

亳州的大關帝廟，是結合娛樂、宗教、商務三種功能的建築群。圖為其外牆。

大關帝廟內的花戲樓，專供演戲之用。

位於湖北荊州的關帝廟，歷史悠久。

外觀有別於傳統關帝廟，是亳州大關帝廟的特色之一。

玉泉山的美麗珍珠泉。

關陵寢殿位在正殿後方，內有大尊關公文像。

關陵正殿旁的聖像亭，內有「漢壽亭侯像」圖文碑一座。

關陵內的神道碑亭。

古色古香的關陵正殿。

關陵祭亭。後方即為關羽墓。

湖北當陽關陵的宏偉大門。

從另一個角度看關陵正殿和聖像亭。

關陵裡的拜殿，始建於明嘉靖年間。

當陽的關陵，是中國三大關廟之一，佔地遼闊。圖為三元門。

立於卓刀泉寺內的桃園閣。

湖北武漢的卓刀泉，相傳關羽曾率軍駐紮此地，遇天旱缺水，便以刀卓地，泉水

卓刀泉寺內陳列的一整排石碑。

位於湖北荊州的春秋閣。

卓刀泉寺內的關聖殿。

武漢卓刀泉寺大門。

宜昌點軍坡，相傳為關羽鎮守荊州時，前往該區點校軍隊的處所。圖為點軍坡亭。

立於灞陵橋西的關帝廟，始建於清康熙28年。

玉泉山關廟內景。白牆上鑲嵌「重建關廟碑記」。

這是玉泉山另一處相傳關羽顯聖的地方。

座落於武漢山林間的武聖廟。

玉泉山關廟內嶄新寬廣的三義殿。

玉泉山關廟，是目前已知最早的關廟。此為1960年關廟被拆毀後，臺北某佛教居士捐款重建的。

關聖帝君
當陽關陵
洛陽關林

29 前進漢中，創業成功

劉備在荊州立足，事業略有基礎，有了自己的房子，足以遮風蔽雨。但荊州和魏、吳兩國公家住，感覺像公寓，劉備想要獨棟大宅。依「隆中對」的計畫，就是益州。

益州牧劉璋有個心腹之患，漢中的張魯。

宗教力量過於強大，往往令政治勢力緊張。當年孫策殺害道人于吉，就是一例。張魯是政教合一的政權，比于吉有勢力，有群眾，更令劉璋惶惶不安。雙方多次衝突。

更大的威脅，來自曹操。為對抗曹操，劉璋接受部屬張松的建議，引進劉備，討伐張魯，鞏固益州防線之後，就不怕曹操進犯了。

這又是引狼入室的個案。劉備雖然內心掙扎，擔心壞了形象，但形象終究不敵現實，於是鳩占鵲巢，以武力奪取益州。

劉備以討伐張魯為名，進入益州，卻未進兵漢中。後來曹操拿下漢中。曹操擁有漢中不到四年，又被劉備奪走。

劉備據有漢中後，形勢大好，成為前途看好的成長股，便在群臣勸進下，於建安二十四年七月自稱漢中王，立劉禪為王太子。之後率軍回成都，派魏延留守漢中。

兩年後，劉備稱帝。

這時，曹丕已經篡漢，稱帝半年了。劉備不知從哪得來的錯誤情報，說漢獻帝遇害，便以延續漢朝命脈為號召，也稱帝了，仍以「漢」為國號，史稱「蜀漢」（劉備陣營不會以「我們蜀漢」自稱）。

有人懷疑，是劉備陣營自己製造的假情報，利用烏龍爆料，為自己稱帝合理化。時為建安二十六年（西元

位於武漢的劉備郊天壇，相傳是劉備稱帝後祭天的場所。

武漢卓刀泉附近所立的「漢昭烈郊壇」碑。

二二一年）四月。

劉備的皇帝寶座也坐不暖。次年他以替關羽復仇為名，攻吳。兵敗，病歿，劉禪繼位（西元二二三年）。諸葛亮大小權力一把抓，在此期間，和魏國六度對戰（其中二出祁山。許多讀者被《三國演義》誤導為「六出祁山」），壯志未酬，病逝。接班人姜維對魏有九次用兵，兩人合計出兵勝率不到三成。這些成績單紅字太多，為諸葛亮招來不會打仗之譏，也讓姜維背上窮兵黷武的罪名。

劉禪在位四十年，西元二六三年蜀漢被滅，是三國第一個被消滅，也是最短命的王朝。蜀漢就劉備、劉禪這兩任皇帝。從劉備入蜀，到劉禪投降，共四十九年。蜀漢移交給魏的資產，計二十八萬戶、九十四萬人口、十萬二千兵力。

魏國也好不到哪去，蜀亡兩年後即被篡。司馬炎廢了魏帝自立，國號晉，年號泰始。魏國的命脈，從曹丕代漢算起，凡四十五年（西元二二〇至二六五）。

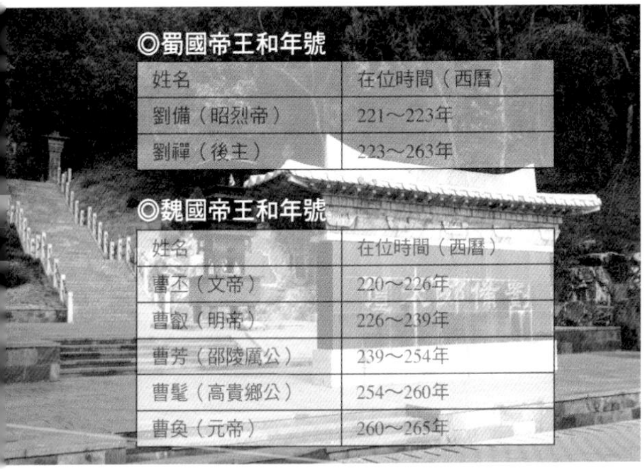

◎蜀國帝王和年號

姓名	在位時間（西曆）
劉備（昭烈帝）	221～223年
劉禪（後主）	223～263年

◎魏國帝王和年號

姓名	在位時間（西曆）
曹丕（文帝）	220～226年
曹叡（明帝）	226～239年
曹芳（邵陵厲公）	239～254年
曹髦（高貴鄉公）	254～260年
曹奐（元帝）	260～265年

劉備郊天壇的神道起點，矗立一面偌大的影壁。

劉備郊天壇區的神道，兩旁古木參天。

▶張飛擂鼓臺：張飛任宜都郡太守時所築的擂鼓臺遺址。

30 劉備的最後一役

老人政治這一套，在東吳不管用。東吳多得是年輕人出頭天的案例。周瑜、魯肅、呂蒙都是政治、軍事資歷不深的年輕人，都受到重用。孫權對待張昭，表面客氣，但心裡受不了，更不把他的話當聖經。周瑜、魯肅、呂蒙之後崛起的陸遜，不但年輕，還是儒將，卻足智多謀，極為優秀，和周瑜一樣受命於危難間。周瑜和劉備聯手，打贏了赤壁之戰；陸遜以劉備為對手，獨力打贏了夷陵—猇亭之戰。更相像的地方在於，兩人本來都被資深的將領所排斥或輕視，但都用堅定的信念以及決心，取得信任和授權，最後用火攻取勝。他們的對手，都是資深老將（呂蒙所對付的關羽也是）。究竟薑是老的辣，或英雄出少年，初生之犢不畏虎？事實證明乃後者。

陸遜說劉備這一生打仗敗多勝少（多敗少成），但也老練、老經驗、老狐狸（【劉】備是猾虜，更嘗事多）。兩種正反對比的評價，正說明了劉備難纏，但也不難應付。講白一些，就是遇弱則強，遇強則弱，端視對手能力而定。這回劉備揮師荊州，強攻東吳，碰到的，很不幸，正是冷靜、沉著、多智超過同輩戰將的陸遜。

陸遜一開始就決定避開劉備的鋒芒。起初劉備大軍來勢洶洶，一入峽口就擊破吳軍，占領巫縣、秭歸，然後派人到武陵郡招撫異族（所謂五谿蠻夷），請他們在長江南岸支援掩護蜀軍主力部隊，過了大半年之後，才率軍向前推進，沿著長江南岸，翻山越嶺，艱苦行軍。

劉備這個舉動，讓陸遜鬆了一口氣。他原先擔心劉備水陸並進，不料劉備「捨水就陸」。

宜昌猇亭古戰場區興築的三友園鳥瞰圖。

劉備自然有他的顧慮。第一個顧慮，劉備部將黃權就指出來了：「我們船艦順流而下，前進容易，後退困難。」因為西陵峽水流湍急，順流東下，飛奔似箭，很快，但水能載舟，亦能覆舟，幾千艘船，不好掌控，光是撤退困難這點，就讓人不放心。其次，蜀漢水軍比不上吳軍，不如避長就短，改由陸地行軍，穩紮穩打，進退行止比較機動。

山地行軍雖然累死人，但劉備沿山部署，憑據高山，占領險要，易守難攻，陸遜不敢進擊。雙方僵持對峙，過了七、八月仍未決戰，你望著我，我望著你，像日後司馬懿對諸葛亮玩的遊戲一樣，拖拖拉拉，把諸葛亮拖到病重過世，遺恨五丈原。劉備決戰不能，速戰不得，無計可施，時序又進入炎夏，熱得要死，累得要命，只好在山林裡安營紮寨，從巫峽到夷陵一線，幾十連營，一字排開，浩浩蕩蕩。壞就壞在立營於林木深處，以木為柵，疏忽了最緊要的防火措施。歷史學者方北辰先生說得好：「縱觀漢

當年劉備即從巫峽至此七百里連營。遠遠望去，浩浩蕩蕩，十分壯觀。

末三國間的戰爭史，可以得到一個突出印象，即這是火攻盛行的時期。在廣袤的平原上作戰就燒糧草，在浩渺的長江上作戰就燒舟船，在狹窄的山谷中作戰就燒營寨。」

吳軍逮到機會，就不客氣了。陸遜當即決定火攻，命士卒一手兵器，一手火把，衝殺進蜀漢大營，連燒帶殺，連破四十餘營。劉備沒命的逃，僅以身免。這一役蜀軍付出的代價是，萬餘人戰死，船隻、器械、物資被奪取殆盡。

劉備率領敗兵殘將，逃到魚腹縣的縣治白帝城。吳軍下一步，該如兵法所云，乘勝追擊，或依經驗教訓，見好就收？吳將徐盛、潘璋、宋謙等人主張前者。孫權問陸遜，陸遜建議收兵。理由是螳螂捕蟬，黃雀在後。螳螂是吳軍，蟬是劉備，黃雀當然指曹丕。據情報，曹丕正在調動兵馬，表面上是要來幫助吳軍，但暗藏陰謀，要趁虛而入牟取利益，若吳軍去攻益州，就會上當。果然，幾個月後，曹魏大軍齊出，意在孫吳。

清代學者何焯不客氣地指出：「大勝之後，將驕卒惰，溯流仰攻，轉饋又難，一有失利，前功盡棄。」和赤壁之戰周瑜猛攻，把曹仁打回老家不同，曹仁是外來軍權，基礎不穩，劉備則是回到經營已久的蜀地。主客易勢，因此吳軍不該深入追擊。何焯不客氣地嘲諷徐盛、潘璋、宋謙這些人，如「豕突耳」，簡直就像四處亂竄，用嘴拱著東西的野豬，莽莽撞撞，缺乏見識，也由此肯定陸遜的高瞻遠矚。

吳軍雖然未再攻來，但經這麼一番摧殘，年紀不小的劉備就病死了，是三國開創者活得最短的，只有六十三歲，比曹操的六十六歲，孫權的七十三歲還短。

火燒路：當年陸遜火燒劉備營區的縱貫路線。

劉備被陸遜火燒連營狼狽敗逃時，隨軍的祭酒程畿自願留下來阻擋敵軍，後壯烈犧牲。圖為其斷後處。

夷陵山區仿古而建的「劉備御帳」。

◀沿著夷陵虎牙山區修築的古棧道，一邊面水，一邊面山。

出身江東世族的少年儒將陸遜，在夷陵之戰以謀略大勝老狐狸劉備。

【重返猇亭戰場】

宜昌猇亭古戰場區瀕臨長江，與荊門山隔江相望，向來為兵家必爭之地。除夷陵之戰外，西晉伐吳的索橋之戰，楊素伐陳的江關之戰，皆在此區進行。古戰場區的虎牙山有條蜿蜒一千五百公尺的棧道，直達山巔，由此眺望長江，氣勢非凡。

之戰時，劉備曾在該洞內屯兵。

從三友園門口往裡看，即可見劉關張結義雕像。

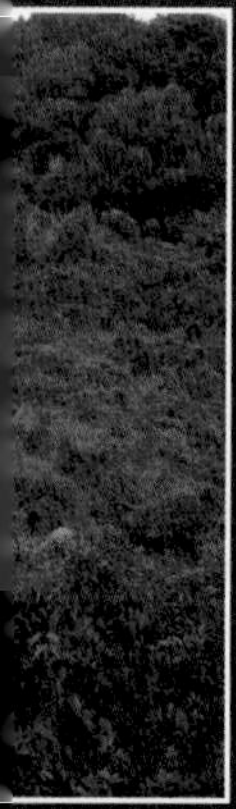

壁陡峭。

此段為鑿壁修築的古棧道。

劉備率軍駐紮猇亭時，這口自生的水井便是蜀軍的救命井。

為張飛擂鼓指揮作戰的飛擂鼓臺」。

猇亭古戰場區展出的仿古戰車。

座落山林間的仿古兵卒軍帳。

右側綿延的山林即為當年劉備七百里連營處。

夷陵之戰古戰場。可想見當年雙方交戰的艱辛。

隱身野花綠草間的「古棧道」石刻。

猇亭古戰場區的仿古雲梯。

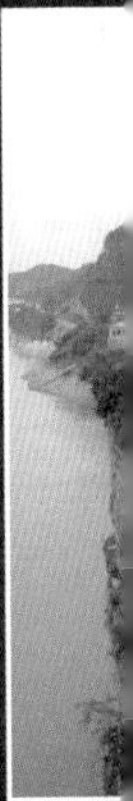

俯看古

猇亭之戰（夷陵之戰）遺址碑。

從另一個角度觀看座落山區的劉備御帳。

沿長江修築的烽火臺，古色古香。

31 孫權稱帝，江東建國

當初關東聯盟反董卓諸路人馬，董卓只在乎孫堅。

董卓為了躲避孫堅的兵鋒，撤離洛陽，遷都長安。臨走前當破壞王，把洛陽燒個精光。

孫堅攻進洛陽，打掃歷任陵墓。連續幾天早上，出現異象：有一口井上方出現「五色氣」，沒有人敢汲水。孫堅派人下去打探，赫然發現傳國璽，上面刻有「受命於天，既壽且昌」等字樣。那是幾年前袁紹等人殺進宮廷除宦官，超級宦官張讓劫持皇帝逃亡，掌管的官吏慌亂中丟進井裡的傳國璽。

得此寶物，孫堅多少暗喜。但高興幾天就好，畢竟實力配不上名位。

然而有人卻對傳國璽哈得要死，那就是孫堅當時所依附的袁術。孫堅死後，袁術想稱帝，從孫堅遺孀那兒逼得玉璽，接著大做皇帝夢，忙著享受

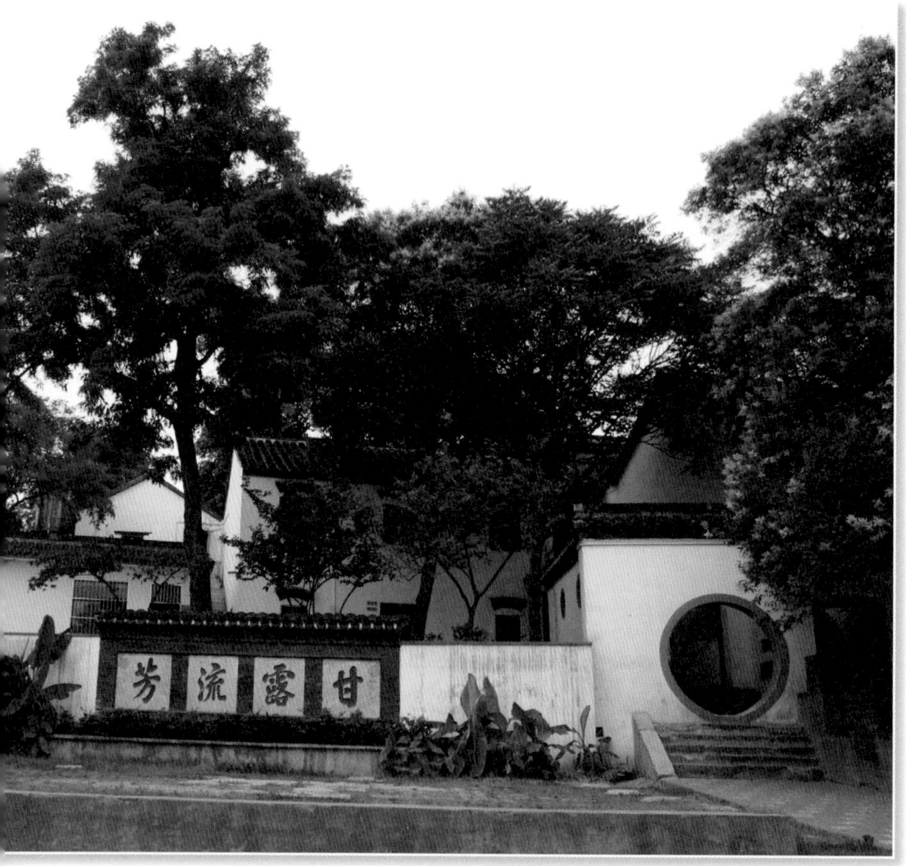

北固山上：北固山座落於江蘇鎮江北方的長江邊上，形勢險要。山上的甘露寺，為三國名勝。

現存的石頭城上有一塊自然風化形成的礫岩，狀如鬼臉，因此又被當地民眾稱為「鬼臉城」。

南京石頭城位於清涼山西側，乃孫權於赤壁戰後修築。

曾經「固若金湯」的石頭城，如今斑駁的牆上佈滿綠色植物。

帝王級服務，奢靡墮落。結果很快就走投無路，咯血而亡。

活在夢幻中的終究只是夢幻一場。實力才是最重要的。人要認清現實，掂自己斤兩。

孫權在這方面做得很好，身段之柔軟，分寸之拿捏，不輸給曹操。

孫堅留給兒子孫策一些兵力，沒有土地。孫策留給弟弟孫權，五個半郡，土地、兵力都有。孫權掌權江東，獨當一面，實力愈坐愈大，和魏、蜀分庭抗禮。但曹丕、劉備先後稱帝了，群臣勸進，孫權不但無動於衷，甚至派人向曹丕稱臣納降，受封吳王。他說，想當年劉邦不也受項羽封為漢王？最後一統江湖的是誰？一時的委屈，算不了什麼，怎樣有利就怎樣做。

晚點稱帝有什麼利？孫權稱臣，和曹魏虛與委蛇，換來和平。直到為了送兒子到魏國當人質一事和曹魏翻臉，直到和蜀漢修補關係，而諸葛亮已開始北伐，四十八歲的孫權才稱帝（史稱吳大帝）。這年是西元二二九年，劉備、曹丕稱帝已近十年，但也都死了。

事後來看，或許孫權不要當皇帝比較好。因為他稱帝前後（二〇〇至二五二），判若兩人。稱帝前，所有的優點，如虛心納諫、禮賢下士，在當上皇帝後幾乎不見了，善忌多疑、殺人嗜血等缺點卻放大了。整個社會瀰漫著白色恐怖的氣氛，接班問題更是處理得亂七八糟。

孫權有七個兒子，依長幼排序分別為：老大孫登，老二孫慮，老三孫和，老四孫霸，老五孫奮，老六孫休，老么孫亮。

老大、老二都是人才，偏偏造化弄人，兩人英年早逝。孫登當了二十一年太子，在三十三歲那年死去，孫慮更短命，二十歲就死了。老三、老四涉入太子寶座爭奪戰，結果兩敗俱傷。孫和的太子身分被廢掉，老四孫霸被孫權賜死。

孫權後來跳過兩位哥哥，傳位給老么孫亮。

孫亮於十歲繼位。十六歲那年，權臣孫綝就把他趕下台，另立孫權第二小的兒子孫休。

孫休雖說是不錯的領導者，但上天卻繼續開吳國玩笑。他上台六年，不過三十歲，就駕崩。繼任的孫皓，是孫權之孫，也是一代暴君，殘暴指數在歷代皇帝中數一數二，但也胡作非為了十六年，才被晉朝大軍攻進來，亡了國。

吳、晉資產交接時，總計：四十三郡、三百一十三縣、五十二萬三千戶、人口兩百三十萬、兵力二十三萬，後宮佳麗和舟船數量差不多，各為五千餘。

從孫策勢力進入江東，到孫皓亡國，凡八十五年（西元一九五至二八〇）。

孫皓和劉禪、曹奐，成為亡國三人組。他們或下台，或投降，晚景不錯，都能壽終正寢。曹奐被封為「陳留王」，地位最高；劉禪次之，爵位是安樂公；孫皓是「歸命侯」，稍低，但好歹也是侯爵。

◎吳國帝王和年號

姓名	在位時間（西曆）
孫權（大帝）	222～252年
孫亮（會稽王）	252～258年
孫休（景帝）	258～264年
孫皓（歸命侯）	264～280年

位於江蘇南京的孫權墓，鬱鬱蔥蔥。

◀位於鎮江的鐵甕城，是孫權在赤壁之戰那年修築的。圖為鐵甕城北牆遺址（後方土牆）。

清涼門又稱清江門，是南京城牆西面的一座城門。

歷經赤壁之戰、夷陵之役、魏蜀稱帝後，孫權也終於爬到頂端，成為吳大帝。

【百變石頭城】

石頭城是南京最早修築城池的地方之一。現今所存遺址，總長約三公里，直到唐初長江淤積改道、失去戰略價值之前，這裡一直是兵家必爭之地。當年孫權除將此作為水軍基地外，還建有烽火臺、石頭倉、兵器庫等，取其居高臨下、易守難攻的優勢。

從北固山上的涼亭遠眺長江，天寬地闊。

石頭城依山而建，形勢險要，素有「石城虎踞」之稱。

直到南北朝時期，石頭城都還是著名的軍事要塞。

北固山素有「天下第一江山」之稱。圖為山上的凝雲亭。

石頭城上的「鬼臉」和前方的水潭，形成金陵四十八景之一的「鬼臉照鏡」。

暗紅色的卵石牆細密砌築，是石頭城最大的特色之一。

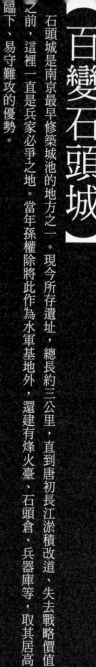

高聳堅固的石頭城牆，至今仍屹立不搖。

北固山上風景秀麗，涼亭眾多，圖為「清暉亭」。

歲月侵蝕的城牆上方，依稀可見烽火臺。

SE1002

走訪三國

作者／羅吉甫
採訪攝影／王萍
書系策劃／黃驗
責任編輯／黃怡瑗
主編／游奇惠
圖片編輯／黃怡瑗
美術設計／林雯瑛

發行人／王榮文
出版發行／遠流出版事業股份有限公司
地址／台北市100中正區南昌路二段81號6樓
電話／02-23926899
傳真／02-23926658
劃撥／0189456-1

著作權顧問／蕭雄淋律師
法律顧問／王秀哲律師 董安丹律師
一版一刷／2008年12月5日
定價／350元

ISBN：978-957-32-6402-6

YLib.com 遠流博識網
http//www.ylib.com

國家圖書館出版品預行編目資料

走訪三國／羅吉甫撰文；王萍採訪攝影.---一版
---臺北市：遠流，2008.12
面；公分
ISBN 978-957-32-6402-6（平裝）
1.三國史 2.通俗史話
622.3 97021237